GLOBAL BUSINESS
AND
CORPORATE STRATEGY
Multinational Corporations from a Management Perspective

グローバルビジネスと企業戦略
経営学で捉える多国籍企業

岩谷昌樹 著
Masaki IWATANI

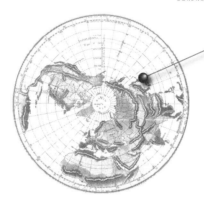

法律文化社

はしがき

　本書は，初めてグローバルビジネスや多国籍企業について学ぶ人向けに書かれた教科書である。初学者が学習しやすいように各章にキーワードやエクササイズを提示している。

　経営学部に設置される国際経営に関する科目は，いかに新しい現象をそれまでのセオリーの中で捉えて，学生に説明することができるかという鮮度が非常に大事である。市販されるテキストに改訂版や増補版といったものがあるのは，OS（オペレーティングシステム）のバージョンアップのように，常に現状に見合う内容に更新しているからである。

　特に2007年はAppleがiPhoneを発表し，それ以降ではスマートフォンが現代のライフスタイルを決定付けた。2010年代では，ビッグデータの活用やGAFA（Google, Apple, Facebook, Amazon）というデジタルエコノミーを象徴する四天王が圧倒的な存在感を有するようになった。

　アジアではサムスン電子が跳躍し，トヨタを抜いてアジア最大のグローバルブランドになった。一方でシャープは，台湾の鴻海精密工業の子会社になるという衝撃的な展開を見せた。こうした激動の2010年代に生じたトピックスも踏まえて，グローバルビジネスへのアプローチを試みているのが本書である。

　本書第1章では，まずグローバルビジネスをどのように捉えるのかという視点を提示する。前半には，グローバルビジネス研究の第一人者であるラグマン教授によるグローバスビジネスの定義について説明する。そして後半には大企業への批判（否定的側面）と積極的な評価（肯定的側面）の双方を取り上げる。ラグマン教授は，グローバルビジネスの実現はアジア・ヨーロッパ・北米（アメリカとカナダ）という世界三大市場へと進出し，そのそれぞれの市場で一定した売上げを出さなければならないとしている。これに従って，第2章から第5章は，この世界三大市場において特徴的な企業を取り上げながら，グローバルビジネスへの理解を深めるツアーを回っていく。

まず第 2 章では，アジア市場からグローバル展開を行っている韓国の代表的企業であるサムスン電子の事例を取り上げる。第 3 章と第 4 章では，ヨーロッパ市場からグローバル展開を行っているフランスのルイ・ヴィトン（第 3 章）とイギリスのヴァージングループ（第 4 章）について解説する。最後に第 5 章では，アメリカ市場からグローバル展開を行っているトイザらスを中心に論じながら，グローバルビジネスに関するコンセプト（カテゴリー・キラーなど）を紹介する。

　これに続く第 6 章から第 8 章については，グローバルビジネスの各論について次の 3 点に絞って説明する。第 6 章では，シャープが鴻海の子会社化となってしまった理由について，コア・リジディティ（硬直性）という概念から捉える。第 7 章では，世界最大の小売業であるウォルマートのビジネス史を紐解くことで，その競争優位性がコスト・リーダーシップ（他社より低いコストを実現する）戦略からもたらされていることを考察する。第 8 章では，アメリカの航空会社を事例として，経営者や組織に宿るアクション・バイアス（行動によって物事を成し遂げようとする姿勢）について理解する。

　以上のような世界三大市場へのツアーやグローバルビジネスの各論へのアプローチの締めくくりとして，第 9 章では，グローバルビジネスの担い手である多国籍企業の戦略概念についてまとめておく。

　欧米では，こうしたグローバルビジネスに関するテキストは豊富に出版されている。それに比べると日本においては，その数はまだ少ない。そうした状況下に，このテーマの図書を刊行し，グローバルビジネス教育の進展に貢献したいという思いで本書を執筆した。自身の研究活動の成果を広く社会に還元し，グローバルビジネスについての見識を身に付けてもらう手段として，書籍化は最も有益なものであると考える。

　2021年 7 月

岩谷昌樹

目　　次

第1章

グローバルビジネスとは何か

1　ラグマン教授による「グローバル500」の4分類

(1) 国際経営のキーアクター——多国籍企業

　毎年，米誌『フォーチュン』に掲載されるランキングに「フォーチュン・グローバル500」がある。これは世界中の企業を対象とした総収益ランキングである。ここにランクインする企業のほとんどが，国境を越えて製品やサービスを生産・流通・販売している。ビジネスの川上・川中・川下 (from back-end to front-end) の活動を海外で行っているのである。

　このように，企業が自国外で付加価値活動を行うときには，FDI (Foreign Direct Investment：海外直接投資) によって子会社が設置される。FDIとは，他国で子会社の運営を管理するために，親会社がリソース (社員，設備，物流網，店舗など) に投資することである。このFDIはグローバル化を促す原動力となる。

　バーガー教授とMIT (マサチューセッツ工科大学) 産業生産性チームによるグローバル経済における企業競争力の分析では，企業が能力と資産を国境越しにどのように移動させるか。そして国外で生産された能力と資産をどのように入手するかということに関する意思決定を数千万回重ねた末に出された1つの結果が，グローバル化であるとされる (Berger et al. 2005, p. 47.／邦訳 2006, p. 68.)。

　つまり，企業の基本活動 (商品企画・生産・販売・研究開発など) を自国内外で再編成したり，再配置したりする選択の組み合わせがグローバル戦略なのである。その戦略において，国籍が異なる複数の社会の趣向を理解し，解釈して，

豊かな特徴を持つ多彩な製品にまとめ上げていくことが，企業の国際主義（インターナショナリズム）である（Berger and Lestor 1997.／邦訳 2003, p. 71.）。

　こうしたグローバル戦略や国際主義の業績面を示す「フォーチュン・グローバル500」に入る企業の国籍を見ると，どの国がグローバル化をマネタライズ（収益化）できているかのかが分かる。

　1981年ではアメリカ242社，ヨーロッパ141社，日本62社，その他55社であり，米欧日の３地域がグローバル化の中心にあった。

　だが20年後の2001年では，アメリカ197社，ヨーロッパ143社，日本88社，カナダ16社，韓国12社，中国11社，スイス11社，オーストラリア６社，ブラジル４社，その他12社と，グローバル戦略を推進する国の数は増えた。

　さらに約20年後の2020年では，中国（香港を含む）が124社となり，初めてアメリカ（121社）を上回った。以下，日本53社，フランス31社，ドイツ27社，イギリス22社，韓国14社，スイス14社，カナダ13社，オランダ13社，スペイン９社，台湾９社，インド７社，ブラジル７社，イタリア６社，オーストラリア５社，ロシア４社，メキシコ４社，アイルランド４社と19ヵ国の企業が500位までに名を連ねた。世界各国から有力な企業が生成し，グローバル戦略を展開しているのである。

　企業別では，１位がウォルマート5,239億6,400万ドル。２位がシノペック（中国石油化工業団公司）4,070億900万ドル。３位がステートグリッド（国家電網公司）3,839億600万ドル。４位が中国石油天然気集団公司3,791億3,000万ドル。５位がロイヤル・ダッチシェル3,521億600万ドルと並ぶ。

　日本企業の最高位は10位のトヨタ自動車で2,752億8,800万ドル。本書第 **3** 章で取り上げるサムスン電子は1,977億500万ドルで，韓国企業では最高位となる19位に位置付く。

　これらの企業のほとんどは，自国以外からも収益を上げているので，多国籍企業（マルチナショナル・エンタープライズ）と称され，国際経営の主要な担い手（キーアクター）となる。

　UNCTAD（国連貿易開発会議）によれば，1990年には35,000社の多国籍企業が存在し，その数は2002年までの間に先進国で63％増，発展途上国では258％増になったとされ，2000年での多国籍企業は約65,000社を数えた。

特徴としては，①1990年代において，それまでの倍近くの数の多国籍企業が誕生した，②特に発展途上国で多く生成したという2点が挙がる（Roach 2005, pp. 24-25.）。数だけで見ると，アメリカの多国籍企業は全体の5％ほどである。ヨーロッパで多国籍企業は多いが，その理由は，①国境が多いので企業は国境を越える意識を持ちやすい，②自国市場だけでは小さく，国境を越えたビジネスを行わないと成長できない，という2点である。

（2）グローバルビジネス──世界三大市場で販売をバランス良く行う企業

　以上のような多国籍企業の実態について，ラグマン教授（インディアナ大学）は詳細な分析をもとに，グローバルビジネスを行っている企業はわずか数社だけであり，ほとんどはリージョナルビジネス（局地的な事業活動）に留まっていることを明らかにした（Rugman 2005）。

　ここでいうグローバルビジネスとは，世界三大市場である北米（カナダ・アメリカ・メキシコ），ヨーロッパ，アジア太平洋（オーストラリアを含む）というトライアドのそれぞれの売上げが，全体の売上げの少なくとも20％ずつを占める状態のことをさす。さらに，いずれかの市場で50％以上あってはならない。世界三大市場で，まんべんなく売上げていることがグローバルといえるのである。

　世界三大市場のうち，どこか1地域（通常は本国地域：ホーム）の売上げが50％以上を占める状態はグローバルではなく，リージョナルというわけである。ラグマン教授は調査結果から，リージョナルなデータを示す企業が大半だったので，グローバルとは「幻想（ミラージュ）」であり，「特殊事例（スペシャル・ケース）」であるとした。

　別の研究でも，多国籍企業の中心部分にグローバル化と呼べるものは全くなく，グローバル企業というのは「神話（マイス）」であると見なした（Doremus, Keller, Pauly and Reich 1998, pp. 3-4.）。

　以下では，ラグマン教授が2002年での「フォーチュン・グローバル500」にランクインした企業のデータ分析に基づく4分類について見ていく。分類対象となったのは利用可能なデータがない120社を除いた380社である。そのうちデータ不十分な企業が15社あった。380社のうち，サービス業は200社，製造業は180社である。

先に結論を示すと，次の２点が重要である。①グローバルビジネスを行っているのは９社（500社中の約２％）。②320社（500社中の64％）は本国地域での売上げが全体の売上げのうちの平均80％を占める（Rugman and Verbeke 2005, p. 110.）。

　グローバルビジネスを行う９社のほとんどは電機メーカーであり，小売りは500社内に49社ある中でLVMH（モエ ヘネシー・ルイ・ヴィトン）だけがグローバルビジネスを達成していた。2001年時でのLVMHグループの地域別売上げは，アメリカ26％，ヨーロッパ36％（うちフランス17％），アジア31％（うち日本15％），その他７％だった（アルノー，メサロヴィッチ／邦訳 2003, p. 15.）。

　ただし，LVMHは自社製品の製造も行っているので「フォーチュン・グローバル500」での業種別では「その他の製造業」に入る。グローバルビジネスを行う残り８社も全て製造業に区分され，そのうち７社は「コンピュータ，オフィス＆エレクトロニクス」，コカ・コーラは「フード，ドラッグ＆タバコ」に含まれる。

　グローバルビジネスの定義を改めて示すと，「世界三大市場それぞれでの売上げが全体の20％以上，50％以下」となる。これに該当した９社の割合の内訳は表１-１のようになる。

　このうち注目すべきは，バーガー教授が「グローバル・サプライヤー（専門分野に特化した大手契約製造業者）」と評したB to B（ビジネス・トゥ・ビジネス）のFIである。現在はフレックス（2015年社名変更）と称するシンガポールのEMS（Electronics Manufacturing Service：電子機器の受託製造サービス）企業である。EMSはOEM（Original Equipment Manufacturing：相手先ブランドによる受託生産）を専門的に行う。その最大手はスマートフォンや薄型テレビなどを受託生産し，2016年にはシャープを買収した台湾の鴻海精密工業である（シャープについては本書第６章にて取り上げている）。

　フレックスは，これに次ぐ世界２位のEMS企業であり，世界100ヵ所もの大規模工場で，これまでにマイクロソフトのXbox 360やモトローラの携帯電話，カシオのデジタルカメラ，HP（ヒューレット・パッカード）のインクジェットプリンタ，ゼロックスのコピー機などの製造を請け負った。2015年にはナイキのスポーツシューズのOEMも行った。このように電子機器以外も製造することから，社名からエレクトロニクスを意味する「トロニクス」を外したのである。

表1-1　世界三大市場での売上げの割合：グローバルビジネス9社（単位：％）

企業名（本国地域）	北米	ヨーロッパ	アジア太平洋
IBM（北米）	43.5	28.0	20.0
ソニー（アジア太平洋）	29.8	20.2	32.8
RPE（ヨーロッパ）	28.7	43.0	21.5
ノキア（ヨーロッパ）	25.0	49.0	26.0
インテル（北米）	35.4	24.5	40.2
キヤノン（アジア太平洋）	33.8	20.8	28.5
コカ・コーラ（北米）	38.4	22.4	24.9
FI（アジア太平洋）	46.3	30.9	22.4
LVMH（ヨーロッパ）	26.0	36.0	32.0

＊売上げランクの高い企業から降順。北米についてソニー，インテル，FI，LVMHはアメリカのみ。IBM，ノキア，キヤノンは南北（中央）アメリカ。RPEはカナダ・アメリカとなる。ヨーロッパについてIBM，コカ・コーラは中東とアフリカも含む。アジア太平洋についてソニー，キヤノンは日本のみである。また，RPEとはロイヤル・フィリップス・エレクトロニクス，FIはフレクトロニクス・インターナショナルの略である。データが揃えばエクソンモービル，ロイヤル・ダッチシェル，ネスレなどもグローバルビジネスとなると見なされた。500位に入らない場合でも，グッチはヨーロッパ42％，アメリカ21％，アジア32％の売上げ比率となり，定義には当てはまる。
出所：Rugman, A. R.（2005）*The Regional Multinationals: MNEs and"Global" Strategic Management*, Cambridge University Press. p. 5, Table 2. 2. Global firms をもとに筆者作成。

　現在では，新規分野（自動車・医療・繊維など）に取り組み，製造以外に設計や出荷も担い，大企業以外のベンチャーも顧客にすることを新たな成長路線に据えている。2017年，フレックスのマイク・マクナマラCEO（Chief Executive Officer：最高経営責任者）は「2015年から『スケッチ・トゥ・スケール』を掲げ，商品のイメージを描いただけのスケッチの段階から，スケール（量産）までをサポートすることを始めた」と語った。

　付記すると，ラグマン教授は2008年にコリンソン教授（ウォーリック大学）と日本企業に特化した2003年のデータ調査を行った。その際には，ソニーとキヤノンに加えて，マツダもグローバルビジネスであるとされた（Collinson and Rugman 2008, pp. 215-230.）。

　また，入山章栄教授（早稲田大学）による2015年のデータによる後追い調査では，ソニーはグローバルビジネスの定義から外れており，日本企業はキヤノンとマツダの2社だけであることが明らかにされた（入山 2015, p. 155.）。日本企業以外でも2003年のデータではノキアのヨーロッパでの売上げが全体の54％とな

り，やはりグローバルビジネスの定義から外れていた。このように，グローバルビジネスのプロポーションを維持すること（世界三大市場で売れ続けること）は至難の業である。

（3）リージョナルビジネス——本国地域を主な活動拠点とする企業

　「フォーチュン・グローバル500」の4分類で最も多かったタイプは，リージョナルビジネス（本国地域を主な活動拠点とする企業）で，320社（131社製造業，189社サービス業）が該当した。その定義は「本国地域での売上げが全体の50%以上」となる。

　北米ではウォルマート94%，ギャップ86.9%，ウォルト・ディズニー83%，トイザらス81.5%，GM81.1%，ペプシコ67.6%，フォード66.7%，ボーイング66.7%，GE59.1%，フィリップ・モリス57.9%などが挙がり，GM以外はアメリカだけでの売上げであった。そして，シアーズ・ローバック，ターゲット，Kマートは100%北米だけで売上げていた。500位外では例えばナイキが，そのグローバルなブランドイメージとは裏腹に，アメリカで全体の売上げの52.1%を得ていた。

　ヨーロッパではカルフール80%，ルノー79.1%，フィアット73.3%，フォルクスワーゲン68.2%，ブリティッシュ・エアウェイズ64.8%，BMW57.3%，ボルボ51.6%などが挙がる。

　アジア太平洋では伊藤忠商事91%，住友商事87.3%，三菱商事86.8%，日立80%，シャープ80%，三井物産78.9%，東芝75.3%，丸紅74.5%，松下電器産業（現パナソニック）64.9%などが挙がり，住友商事，三菱商事は日本だけでの売上げであった。

　このようなリージョナルビジネスを象徴するのは，ウォルマートである（ウォルマートについては本書第7章で詳しく取り上げている）。2002年での店舗数は3,989で，そのうちアメリカに2,985，メキシコに458，カナダに166あった。つまり北米に3,609あり，他市場の店舗は全体の9.5%（380）しかないということである。外側（店舗数）から見ても内側（売上げ比率）から見ても，ウォルマートはグローバルには程遠い，北米を主な活動拠点とするリージョナルな小売業者となる。

　これは，アメリカが広大であり，その自国市場だけに対応するだけで十分な利益を得られることが背景にある。これまでウォルマートは韓国やドイツに進出したが，地元の店舗（イーマート，メトロ）に打ち勝つことはできず，それらライバル店に売却する形で撤退した。他方，中国やインドでは堅調に店舗数を拡大している。

　こうした点からラグマン教授は，グローバルは忘れて「地域別に考えて，現地で行動すること（シンク・リージョナル，アクト・ローカル）」を奨める（Rugman 2002, p. 15.）。

　また，自動車は，その国のメーカーがその国で最も売れている典型的なリージョナル製品である。その理由には，輸入保護，国内でのナショナリズム，異文化でのディーラー網形成や消費者理解の困難さなどが挙がる。

　あるいは，菓子メーカーも他国の嗜好に応じることが容易ではないので，グローバル化しにくい分野である。チョコレート・ココア製品メーカーのハーシーはアメリカでの市場シェアトップであり，日本でも輸入菓子として取り扱われているが，売上げのほとんどは北米から得ている（全体の約90％）。

　多国籍企業論では，大半の企業にとって本国地域市場は「粘着性のある場所（スティックリー・プレイス）」であり，その状態が硬直化していると評される。

（4）セミ・グローバルビジネス──2地域を主な活動拠点とする企業

　ラグマン教授の研究では，このようなリージョナルビジネスとグローバルビジネス以外に，2つのタイプがあることが確認された。

　1つは，2地域を主な活動拠点とする企業であり，25社が該当した（500社中の5％。マクドナルドだけがサービス業で，他は製造業）。その定義は「世界三大市場の2地域（本国地域を含む）での売上げが全体の20％以上ずつあり，本国地域での売上げが50％以下」となる。

　グローバルビジネスと定義するには，あと1地域が達していない状態（フォーリンネス：同質化していない異質性を有すること）にある。ジョーンズ教授（ハーバード・ビジネススクール）は，この状態を「セミ・グローバル化（半ばグローバル状態）」と指摘する（Jones 2005, p. 292.／邦訳 2007, p407.）。

　表1-2では，2地域を主な活動拠点とする主だった企業を挙げている。こ

表1-2　世界三大市場での売上げの割合：セミグローバルビジネス（単位：%）

企業名（本国地域）	北米	ヨーロッパ	アジア太平洋
BP（ヨーロッパ）	48.1	36.3	na
ユニリーバ（ヨーロッパ）	26.6	38.7	15.4
ミシュラン（ヨーロッパ）	40.0	47.0	na
ロレアル（ヨーロッパ）	32.4	48.5	na
L. M. エリクソン（ヨーロッパ）	13.2	46.0	25.9
3 M（北米）	46.9	24.6	18.9
マクドナルド（北米）	40.4	31.9	14.8
イーストマン・コダック（北米）	48.5	24.7	17.2
モトローラ（北米）	44.0	14.0	26.0
トヨタ（アジア太平洋）	36.6	7.7	49.2
日産（アジア太平洋）	34.6	11.0	49.7
ブリヂストン（アジア太平洋）	43.0	10.1	38.8

＊na：not availableはデータが無いため欠損値。北米についてBP，3 M，イーストマン・コダック，モトローラはアメリカのみ。マクドナルドはカナダ・アメリカ。ブリヂストンは南北（中央）アメリカとなる。ヨーロッパについてイーストマン・コダックは中東とアフリカを含む。3 Mは中東を含む。アジア太平洋についてマクドナルドは中東とアフリカを含む。トヨタ，日産，ブリヂストンは日本のみである。
出所：Rugman, A. R. (2005) *The Regional Multinationals: MNEs and"Global" Strategic Management*, Cambridge University Press, p. 15, Table 2. 3. Bi-regional firmsをもとに筆者作成。

こに世界的なブランドパワーを有するマクドナルドが含まれることは，グローバルビジネス達成の困難さを雄弁に語っている。

（5）ホストビジネス——進出先国地域を主な活動拠点とする企業

最後のタイプは，進出先国地域を主な活動拠点とする企業で，500社中11社（2.2%）が当てはまる（製造業3社，サービス業8社）。その定義は「本国地域ではない地域での売上げが全体の50％以上」となる。これはホストビジネスという徹底した現地化を実行する企業である。

北米ではマンパワー（人材派遣サービス）の1社で，ヨーロッパをホスト地域（68.6%）とする。ヨーロッパでは例えばダイムラークライスラーが北米をホスト地域（60.1%）とする。ただし，2007年にクライスラー部門はアメリカ投資会社サーベラス・キャピタル・マネジメントに売却され，2009年には経営破綻し，その後フィアットが完全子会社にしている。

アジア太平洋ではホンダ（53.9%）やニューズ社（75%）などが北米をホスト

地域とする。これもニューズ社については分析当時とは状態が変わってきている。ニューズ社は傘下に英誌『タイムズ』，アメリカの20世紀フォックス映画などを有するオーストラリア発祥のメディア・コングロマリットだったが，2013年に出版・新聞事業を担うニューズ社（傘下には『タイムズ』の他，『ウォール・ストリート・ジャーナル』を発行するダウ・ジョーンズ，ニューヨーク・ポスト，ハーパーコリンズなど）と，映画などのエンターテインメント事業を担う21世紀フォックス（傘下に20世紀フォックス映画）に分社化された。2019年には21世紀フォックスはウォルト・ディズニー社に買収され，20世紀スタジオとなり，その際に発足したFOXコーポレーションが運営している。

　付記すると，がん保険などを販売するアフラック（アメリカン生命保険会社）はジョージア州を発祥とし，1974年から日本に進出した。現在では日本の従業員数は半数以上を占め，保険料総額の4分の3が日本からのものであり，ホスト地域を日本としているといえる。

2　大企業への批判と評価

（1）多国籍企業への批判

　多国籍企業は，その大きさゆえに批判の的になることが多い。1国のGDP（Gross Domestic Product：国内総生産）よりも1社の売上げが大きくなっており，存在感を増してきているからである。例えばウォルマートの売上げはスウェーデンのGDPより高く，トヨタの売上げは一時期デフォルト（債務不履行）が危ぶまれたギリシャのGDPより高かった（2001年時）。ちなみに，ビル・ゲイツ個人の資産は630億ドルとされ，これは世界の最貧国31ヵ国の資産に相当した。

　サムスングループは韓国GDPの20％を占める大財閥であるが，2017年当時のパク・クネ政権との癒着が指摘され，サムスングループトップが逮捕される事態にまで発展した。この時期は韓国財閥（大韓航空，ロッテグループ，現代グループ）一族の2世，3世による不祥事（パワハラ，賄賂贈与，大麻による逮捕など）が連発していた。

　また，ウォルマートは，アメリカで4億9,500万平方メートルの売り場面積を有するが，その所有不動産は世界の小売スペース全体の約3％にあたる

（Spector 2005, p. 157.／邦訳 2005, p. 209.）。2001年マッキンゼーが報告した "U. S. Productivity Growth, 1995-2000" では，1990年代後半のアメリカ経済の生産性の奇跡的成長（1972〜1995年に1.4％増，1995〜2000年では2.5％増）はIT（Information Technology：情報技術）投資よりウォルマートが大きな役割を果たした（奇跡的成長の4分の1はウォルマートなどの小売部門にあった）と評された（Ahmad 2004, p. 173.）。

　そのウォルマートも2000年代には，当時のスローガンである「エブリデイ・ロープライス（毎日低価格）」をもじって「エブリデイ・ローウェイジ（毎日低賃金）」と批判された。2004年，カリフォルニア大学の労働研究教育センターが「ウォルマートの賃金は小売業界の水準より3割低い」という調査結果を公表したのである（Karjanen 2006, p. 154.）。

　他にも，福利厚生や保険制度の不備などが各メディアによって報じられた。スティグリッツ教授（コロンビア大学）も，ウォルマートの健康保険計画は扶養家族の予防医療（社員の子どものワクチン接種など）をカバーしておらず，通常なら雇用主が負担するコストを納税者が支払っていると指摘した（Stiglitz 2006, p. 192.／邦訳 2006, p. 290.）。さらには，ウォル数学（Wal-Math）というウォルマート出店により，他の小売業者の売上げが大きく損失することも批判された。

　ゲマワット教授（ニューヨーク大学ビジネススクール）によるケースでは，ウォルマートのリソース（経営資源）は，①目に見えるリソース：店舗立地，②目に見えないリソース：ブランド名声，従業員ロイヤルティ，③ケイパビリティ：ハブ・アンド・スポーク型の物流網構築（トラック配送ルートの効率性を考えた流通システム），とされた（Ghemawat 1986）。このうちの目に見えないリソースに緩みが生じていたのである。これに対応すべく，2006年からウォルマートは各点の見直しを始め，リソースの修復に取り組み出した。

　他にも2015年には，フォルクスワーゲンがディーゼルエンジンの一部車種で，アメリカの大気浄化法での排出ガス規制を潜り抜けるために不正なソフトウェアを搭載しており，実走行時には健康に害を及ぼす有害排出物が規制値を大幅に上回っており，非難された。

　こうした批判に対して肝心なことは，犯罪心理学で用いられる「壊れ窓（ブロークン・ウィンドウズ）」のコンセプトを持つことである。これは，1枚の割ら

れた窓が修理されずに放置されている建物があると，その周辺には秩序を保とうとする者はいないという印象が持たれ，その街での犯罪が増えることを示している（Levine 2005／邦訳 2006）。これを転用して，批判を受けたところは「壊れ窓」と見なし，直ちにそれを修繕するという迅速な対応を取らなければ，社会からのイメージはどんどん悪くなってしまうのである。

　例えば，カロリー摂取量が多いアメリカ（エルビス・プレスリーが晩年の不摂生で肥満により逝去したことに象徴される）において，子どもの太り過ぎが問題になった際には，コカ・コーラなどは糖分を加えた炭酸飲料をアメリカの公立学校で販売することを止めた（2006年）。同年にはファストフードが原因で子どもの肥満が急増していることを受けて，ウォルト・ディズニーはマクドナルドへのキャラクター使用契約を解消した。これらは「壊れ窓」へのスピーディな対応である（2018年，両社は再度提携することを公表した）。

　また，こうした批判の中でも根深いものは，生産を下請けするアジア各国の工場での労働者への扱いの悪さである。ナイキ，アディダス，リーボック，リーバイ・ストラウス，ギャップなどが，こうした搾取工場（sweat shop）での過酷な労働条件（長時間残業，低賃金，過酷な暑さと喚起の良くない現場，危険物と隣り合わせの労働など）を強いていると報じられ，非難が集中した。21世紀では，ファストファッションのアジア工場でも同様の問題が生じた。

　中でも2002年，アイルランド誌『アイリッシュ・タイムズ』が報じた中国工場で生産されるマテル社のバービー人形（マテル社の年間収入の5分の1はバービー人形によるもので，1秒で2体販売されているとされる）1体10ドルの経費が次のように明らかにされ，衝撃を招いた。

　　・8ドル……マテル社に支払われる販売促進費，輸送費，卸売手数料，利益
　　・1ドル……香港での経営管理費，輸送費
　　・65セント……台湾，日本，サウジアラビア，アメリカからの原材料費
　　・35セント……中国での生産費（工場管理費，メーカーの利益，労費）

（2）コーエン教授による「大企業へのラブレター」

　このように相次ぐ批判に，アメリカでの大企業への信頼は低いものとなって

いる。一般に評判は憤りと不安によってダメージを受けるとされ，信頼は透明性や共感などをレーダーとすると見なされる。それを示すように2016年，ギャロップ社による世論調査（コンフィデンス・イン・インスティテューションズ：15の機関・制度を対象とした信頼）では，大企業の信頼は最下位の議会に次ぐ下から2番目に位置し，13の機関・制度（上から順に軍，中小企業，警察，教会・宗教団体，医療制度，大統領職，連邦最高裁判所，公立学校，銀行，労働組合，刑事司法制度，テレビニュース，新聞）よりも信頼が低いとされた。

　日本でも2018年，中央調査社による10機関・組織・職業を対象とした「議員，官僚，大企業，警察等の信頼感調査」では，大企業は下から4番目に位置し，その下にはマスコミ・報道機関，官僚，政治家と並んだ。トップは自衛隊であり，その次に医療機関，裁判官，銀行，警察，教師と続いた。

　経済学者のコーエン教授（ジョージ・メイソン大学）は，このように批判が絶えず，信頼も低いグローバルビジネスを行う大企業（ビッグビジネス）の果たしている役割や貢献を正当に評価する必要があるとし，あえて擁護する立場を採る（Cowen 2019／邦訳 2020）。

　それまでにコーエン教授は『大停滞』（2011）で，経済成長の源泉が失われた理由を「容易に収穫できる果実（無償の土地，未教育の賢い子どもたち，イノベーション）」が少なくなったことに求めた。

　特にイノベーションは，かつてのように社会全体に大きな影響を及ぼす斬新なものよりも，漸進的でインパクトが小さいものとなった（例えば金融のデリバティブ商品，ラグジュアリーブランドの新作など）。

　つまり，特定の人だけが恩恵を受けるものが多い（公共財ではなく，私的財のような性格を帯びている）というのである。私的財とは，例えば10億ドルの価値を10人で1億ドルずつ享受することであり，公共財とは，それを1億人で10ドルずつの価値を分け合い，マクロ経済成長につなげるということである。

　『大格差』（2014）では，機械の知能（テクノロジー進歩）が仕事に与える変化を捉え，今後は機械と協働して高いアウトプットを産出できる者が技術失業にならないと見なした。要するに，賢い機械（スマートマシン）と補完的な人材になることができるか否かの二極化が進むと捉えたのである。

　『大分断』（2019）では，そうした停滞や格差を生んだ「現状満足階級」の存在

が大きくなったことで，リスクを避け，イノベーションを失った社会（デジタルプラットフォームがマッチングの質を高め，生活満足度が上がったことで，この状態のままで変わらないことが快適であると見なす時代）になっていることが指摘された。だが，この状態はやがて決壊し，「活力ある混乱の時代」に突入すると予測する。

　これら三部作で吟味された不況の原因や雇用の問題，現状に満足する状態に対して，その打開策を示すことのできるビッグビジネスを肯定的に捉え直したのが『BIG BISINESS』(2020)であり，これを「大企業へのラブレター」と表現した。ビッグビジネスは自由貿易と世界市民的思考を推進しながら，①みんなが喜んで使っている製品やサービスを提供している信頼できる組織である，②多くの良質な雇用を生み出し，給料も比較的高いという2点を強調した。

　①については，消費者は最良の商品やサービスに代金を支払うという「投票」をしていて，票が集まらない企業は市場から姿を消していく。このような購買行為は「何を買うか」よりも「誰から買うか」という企業を擬人化して（比喩的な人格として）理解していることを示している。そうして支持された人（企業）の生み出すモノだけが残っていき，今後においても例えば自動運転技術やIoT（インターネット・オブ・シングス：モノのインターネット化）などにより，生活の利便性はさらに向上していくので，ビッグビジネスへの依存度は高くなることが予想される。

　そして現在では，ソーシャルメディアが普及しているため，企業は誠実な行動を取らなければ，すぐにインターネット上に批判の声が挙がり，瞬く間に拡散され，イメージダウンは避けられない。これをコーエン教授は「企業が悪事に手を染めにくい時代」と称する。

　②については，「社員を養う」という難事業を成し遂げている点である。さらに雇用は給料だけではなく，誇りともなり，人的ネットワークを育む場としても大事なものである。また，仕事でのフロー体験（その活動に没頭して集中力が高まる感覚）を通じた幸福感と充実感を得ることもできる。

　給料に関しては，CEOへの報酬が高いという批判もある。1980年から2003までの間に，アメリカの大手上場企業のCEOの報酬は平均して約6倍に増加した。とりわけ1990年代では自社株譲渡が報酬の原動力となっていた。

2019年，デロイト トーマツ コンサルティングによる5ヵ国（日本・アメリカ・イギリス・ドイツ・フランス）391社（売上げ1兆円以上の企業）における社長・CEO報酬の実態調査では，日本の社長・CEOの報酬総額の中央値は1.4億円だったが，アメリカでは15.7億円と圧倒的に多く，イギリスが5.7億円，ドイツが6.3億円，フランスが5.3億円であった。

　2019年，米紙『ニューヨーク・タイムズ』にて公表されたアメリカでのCEO報酬レポート（大手上場企業200社対象）では，イーロン・マスク（テスラ）がストックオプションとして受け取った22億8,400万ドル（約2,500億円）がトップだった。その次のデビット・ザスラブ（メディア大手・ディスカバリー）1億2,900万ドル（約142億）を大きく引き離すばかりか，2位以下のCEO 65人の報酬の合計額を上回る額であった。

　3位以下には，ニケッシュ・アローラ（インターネットセキュリティー・パロアルトネットワークス）1億2,500万ドル。マーク・バードとサフラ・カッツ（いずれもIT企業・オラクル）1億800万ドルずつ。ロバート・アイガー（ウォルト・ディズニー）6,600万ドル。ジム・ヘルプマン（産業ソリューション・PTC）5,000万ドル。ファブリチオ・フリーダ（エスティ・ローダー）4,800万ドル。ヴィヴェック・シャー（ITサービス・J2グローバル）4,500万ドルと並ぶ。

　こうした高額報酬に対して，エルソン教授（デラウェア州立大学）は「CEOが自分たちの会社をATMのように扱っている」と批判する（Elson 2003）。また，ブロックスハムCEO（バリューアライアンス社）は「静かにアメリカ経済を死に追いやる病」と見なす（Bloxham 2015）。

　だが，コーエン教授は，高額報酬は一流の人材を呼び寄せるためのコストと考えればよいとする。というのも，経営者に求められる役割が以前より増していて，ビジョンを策定し，異文化の中でグローバル戦略を立案し，顧客を理解し，コミュニケーションを図り，メディアや政府機関に対応し，広報活動をし，リスクを回避するなど，その仕事は多岐に及ぶ。

　それらの多種の資質を持ち合わせた人材（辣腕中の辣腕）は限られているので，高額報酬は妥当であると見なすのである。CEOには古代の大哲学者のように，勤労・消費・投資・情報発信・政治への働きかけに至る森羅万象に関する幅広い知識が必要とされる。CEOほど物事の本質を理解する，哲学的な仕

事は無いというのである。

　例えば，上述の報酬レポートにも名を連ねるロバート・アイガー（元ウォルト・ディズニー CEO）に求められたのは，それまでのディズニー経営者が担っていた「優れた脚本を見つけ出し，人気俳優を起用すること」に加えて，CGを駆使し，優秀なプログラマーを採用し，最先端のイノベーションを実現するといった，往年のハリウッドビジネスには無かったスキルであった。

　特にロバート・アイガーがCEOの期間では，ピクサーやマーベル，ルーカスフィルム，21世紀フォックスの総額9兆円に及ぶ買収を成立させている。自叙伝（Iger 2019）では，その成功の秘訣を「その会社で最も支配的な所有者（ジョン・ラセター，スタン・リー，ジョージ・ルーカス，ジェームズ・マードック）との信頼を築く」という個人的な要素にあり，誠実さが全ての鍵となると述懐している。

　また，コーエン教授はNBA（北米プロバスケットリーグ）において，傑出した成績を挙げるチームには，リーグ有数のプレーヤー（マイケル・ジョーダン，レブロン・ジェームズなど）が少なくとも1人はいて，チームを牽引していることは，大企業に高額報酬のCEOがいることと同じであると指摘する。

　そうした花形選手は容易には獲得できないから，大枚をはたいてでもチームに留まってもらおうとするので，高額な契約金となる。もちろん，スタープレイヤーやカリスマCEOの資質が全てではないが，彼らの能力が組織と相互作用することで，良好な結果が生み出されると捉えるのである。

　付記すると，コーエン教授はアメリカの大企業はコロナ禍に際しても，立派に，かつ英雄的に行動したと評する。リモートワークによって大量のデータがやり取りされるようになっても，インターネット回線が持ち堪えており，また，ネットショッピングが増加しても配送が遅れることはほとんど無かったという。こうした一連の厳しい状況では，潤沢な資本を持つ大企業が最速に，そして強靭に対応できることを浮き彫りにしたのである。

3　グローバル化する企業の捉え方

　本章で見てきた企業のグローバル化については，大別して3つの見解がある（Held, McGrew, Goldblatt and Perraton 1999／邦訳 2006）。

1つは，肯定的に捉えるもので，ハイパーグローバリストと呼ばれる。生産・貿易・金融といった各種活動が国境を越えて確立されたネットワークによって進められることで，経済の脱国家化が促され，グローバルな競争原理が作用する。これは一部の国の生活を悪化させる恐れもあるが，長期的には多くの国が自国の比較優位のもとに製品やサービスを生産・販売できるようになるという見方である。

　いま1つは，否定的に捉える懐疑論者である。ラグマン教授が分析して示したように，ほとんどの企業は本国地域を活動の中心に据えたリージョナルビジネスを行っており，地域間で相互作用する程度の国際化に留まっているという見方である。

　もう1つは，適合していかなければ乗り遅れると考える転換主義者である。社会・経済・ガバナンスなどの制度や世界の秩序・取り決め事を大規模で再編するための駆動力としてグローバル化を捉える。もはや，どこまでが国際的（対外的）な問題で，どこまでが国内的な（対内的な）問題であるのかの線引きが明確にできなくなっているので，そうした世界（新しいフロンティア）に自らを適合させる必要があるという見方である。

　これらの捉え方は対立し合うものではなく，併存して提唱される視点である。求められるのは，グローバル化に対する認識を企業が強く持つことである。その上で，ヘルド教授（ダラム大学）らは「コスモポリタニズム（世界市民主義：人々を世界という1つの市民と見なす立場を採り，共存共栄を図ること）を伴わないグローバル化は失敗する」というメッセージを送っている。

◆エクササイズ

① 「グローバルビジネスを行う企業」の中から1社を選び，近年ではどのようなビジネス展開をしているか調べてみよう。また，その際に特に力を入れている地域（国）はどこで，どのような事業を手がけているか注目してみよう。

② 「2地域を主な活動拠点とする企業」の中から1社を選び，近年ではどのようなビジネス展開をしているか調べてみよう。また，その際に特に力を入れている地域（国）はどこで，どのような事業を手がけているか注目してみよう。

③ 中国ないしインドにおけるウォルマートの最近のトピックスについて調べ
てみよう。

④ 近年における大企業への批判には，どのようなものがあるか実例を調べて
みよう。

〔参考文献〕

アルノー，ベルナール／メサロヴィッチ，イヴ著，杉美春訳（2003）『ブランド帝国LVMHを
　　創った男　ベルナール・アルノー，語る』日経BP社。

入山章栄（2015）『ビジネススクールでは学べない世界最先端の経営学』日経BP社。

Ahmad, S.（2004）"Globalisation and Brands," edited by Clifton, R. and Simmons, J. et al.,
　　Brands and Branding, Bloomberg Press.

Berger, S. and Lester, R. K.（eds.）（1997）*Made by Hong Kong*, Oxford University Press.／依
　　田直也，谷口文朗訳（2003）『メイド・イン・チャイナ戦略——新しい世界工場「中国」』日
　　本工業新聞社。

Berger, S. and the MIT Industrial Performance Center（2005）*How We Compete: What
　　Companies Around the World Are Doing to Make it in Today's Global Economy*,
　　Currency Doubleday.／楡井浩一訳（2006）『MITチームの調査研究によるグローバル企業
　　の成功戦略』草思社。

Bloxham, E.（2015）"Here's Why You Should Care About How CEOs Get Paid," *Fortune*,
　　October 20.

Collinson, S. and Rugman, A. M.（2008）"The Regional Nature of Japanese Multinational
　　Business," *Journal of International Business Studies*, vol. 39.

Cowen, T.（2011）*The Great Stagnation: How America Ate All the Low-hanging Fruit of
　　Modern History, Got Sick, and Will（Eventually）Feel Better*, Dutton.／池村千秋訳（2011）
　　『大停滞』NTT出版。

Cowen, T.（2013）*Average Is Over: Powering America Beyond the Age of the Great
　　Stagnation*, Dutton.／池村千秋訳（2014）『大格差——機械の知能は仕事と所得をどう変え
　　るか』NTT出版。

Cowen, T.（2018）*The Complacent Class: The Self-Defeating Quest for the American Dream*,
　　Picador USA.／池村千秋訳（2019）『大分断——格差と停滞を生んだ「現状満足階級」の実
　　像』NTT出版。

Cowen, T.（2019）*Big Business: A Love Letter to an American Anti-Hero*, St. Martin's Press.
　　／池村千秋訳（2020）『BIG BISINESS（ビッグビジネス）——巨大企業はなぜ嫌われるの
　　か』NTT出版。

Doremus, P. N., Keller, W. W., Pauly, L. W. and Reich, S.（1998）*The Myth of the Global
　　Corporation*, Princeton University Press.

Elson, C. M.（2003）"What's Wrong with Executive Compensation," *Harvard Business Review*,

January.／邦訳（2003）「経営者報酬の健全性を問う――株主価値経営が招いたガバナンスの形態化」『Harvard Business Review』4月号。

Ghemawat, P.（1986）"Wal-Mart Store's Discount Operations," Harvard Business School Case Study 9-387-018.

Held, D. G., McGrew, A., Goldblatt, D. and Perraton, J.（1999）*Global Transformations: Politics, Economics and Culture*, Polity.／古城利明・臼井久和・滝田賢治・星野智訳者代表（2006）『グローバル・トランスフォーメーションズ――政治・経済・文化』中央大学出版部。

Iger, R.（2019）*The Ride of a Lifetime: Lessons Learned from 15 Years as CEO of the Walt Disney Company*, Random House.／関美和訳（2020）『ディズニー CEO が実践する10の原則』早川書房。

Jones, G.（2005）*Multinationals and Global Capitalism: From the Nineteenth to the Twenty-first Century*, Oxford University Press.

Karjanen, D.（2006）"The Wal-Mart Effect and the New Face of Capitalism: Labor Market and Community Impacts of the Megaretailer," edited by Lichtenstein, N., *Wal-Mart: The Face of Twenty-First-Century Capitalism*, The New Press.

Levine, M.（2005）*Broken Windows, Broken Business: How the Smallest Remedies Reap the Biggest Rewards*, Business Plus.／佐藤桂訳（2006）『「壊れ窓理論」の経営学――犯罪学が解き明かすビジネスの黄金律』光文社。

Roach, B.（2005）"A Primer on Multinational Corporations," edited by Chandler, A. D. and Mazlish, B., *Leviathans: Multinational Corporations and the New Global History*, Cambridge University Press.

Rugman, A. M.（2002）"Multinational Enterprises and the End of Global Strategy," edited by Dunning, J. H. and Mucchielli, J. -L., *Multinational Firms: The Global-Local Dilemma*, Routledge.

Rugman, A. M.（2005）*The Regional Multinationals: MNEs and "Global" Strategic Management*, Cambridge University Press.

Rugman, A. M. and Verbeke, A.（2005）"Regional Multinationals: the New Research Agenda," edited by Buckley, P. J., *What is International Business ?*, Palgrave Macmillan.

Spector, R.（2005）*Category Killers: The Retail Revolution and Its Impact on Consumer Culture*, Harvard Business School Press.／遠藤真美訳（2005）『カテゴリー・キラー――小売革命でここまで変わる！消費の「質」と「意味」』ランダムハウス講談社。

Stiglitz, J. E.（2006）*Making Globalization Work*, W. W. Norton & Company.／楡井浩一訳（2006）『世界に格差をバラ撒いたグローバリズムを正す』徳間書店。

第**2**章

サムスン電子が世界市場を制した理由

▶ハードボール戦略

┌─〈キーワード〉─────────────────────
│ 決定的優位，ハードボール戦略，7・4制，真実の瞬間
└──────────────────────────────

1　競争優位の確立から決定的優位の追求へ

　前章でラグマン教授によるグローバルビジネスの定義を示した。この定義に沿った分析がなされた以降で，グローバルビジネスから外れた企業があったことも併記した。一方で，その後においてグローバスビジネスを達成した企業もある。その代表的な企業がサムスン電子である。2019年でのサムスン電子の地域別売上高は，1位がアメリカ市場 (43兆7,434億ウォン)，2位が中国市場 (38兆5,611億ウォン)，3位がアジア・アフリカ市場 (32兆9,705億ウォン)，4位が韓国 (自国) 市場 (20兆3,009億ウォン)，5位がヨーロッパ市場 (19兆1,970億ウォン) であり，世界三大市場でまんべんなく売上げている (金融監督電子公示システム調べ)。

　21世紀に入ってから各方面での韓国勢の世界的な躍進が顕著だった。オリンピックでは金メダル獲得をめざしてアスリートに手厚い支援を施している。メディアコンテンツでは，YouTube を始めとする SNS を巧みに活用して K-POP を流行させている。また，韓流ドラマを日本に輸出し，ロケ地巡りなど韓国旅行への誘引としてきた。

　コスメティックでは，デザイン性が高く安価で素材 (カタツムリのエキス配合など) にもこだわったエチュード・ハウスを日本の都心に出店するというフォーカス (若い女性をターゲット層とする) 戦略を展開する。そして『パラサイト　半地下の家族』(2019) は，アカデミー賞国際長編映画賞の4部門で受賞し，カンヌ国際映画祭ではパルムドール (最高賞) を受賞した。

19

ビジネスオリンピックでも21世紀初頭に，サムスン電子がアジア企業として直接的なライバルであるソニーに対してあらゆる側面で上位に立っていった。2001年度では純利益，2002年には時価総額，2005年では「フォーチュン・グローバル500」と「ベスト・グローバル・ブランズ（インターブランド社による世界企業のブランド価値評価ランキング）」で，サムスン電子はソニーを上回った。

　2010年代の「ベスト・グローバル・ブランズ」の推移を見ると，サムスン電子は2010年に19位で，以降2011年17位，2012年9位，2013年8位，2014〜2016年7位，2017〜2019年6位，2020年5位と着実にブランド力を蓄えてきた一方で，ソニーは2010年34位，2011年35位，2012年40位，2013年46位，2014年52位，2015・2016年58位，2017年61位，2018年59位，2019年56位，2020年51位と，その差は年々広がっている。

　特に2017年では，サムスン電子は7位となったトヨタを抜き，アジアトップのブランド価値を有するターニングポイントを迎えた。

　こうした躍進を実現した盤石で強靭なサムスン電子の経営スタイルは韓国企業に共通したものであり，それをヘンマート教授（高麗大学校）は「タイガーマネジメント（猛者，やり手の経営）」と表現した（Hemmert 2012）。

　一般に戦略論では，他社より勝る優位性は，競争優位（企業特殊的優位）からもたらされると見なされる。これは，他国で安価な労働力で生産すること（メイド・イン・アジア）で得られる比較優位（立地特殊的優位）という他力本願的なものではなく，ブランド構築や技術形成という他社が容易には模倣ができないものを自力で創出することで得られる優位性である。それには，自社の付加価値連鎖をどの活動とどの技術に置き，リソースを集中するかを決めなければならない（Kogut 2003／邦訳 2005, p. 3.）。

　サムスン電子は，こうした競争優位確立のためのマネジメントを正確に実行してきたのである。ソン教授（国立ソウル大学校）らは，サムスン電子の戦略を，①迅速な意思決定，②好調な時でも危機感を持っていた，③社内能力と外部サプライヤーを意図的にブレンドした，④継続的に学習を行った，⑤一流の人材を適所に配置したという5点に集約し，それを「サムスン・ウェイ」と称した（Song and Lee 2014）。

　このうち，迅速な意思決定については，1994年からサムスン電子常務を10年

間務めた吉川良三も，グローバルな戦いはリーグ戦ではなくトーナメント戦
（1度負ければ次は無い）であり，スピードがビジネスを制するので，「崩れかけ
た橋を渡って，後人が渡せないように壊す」度胸が必要であると語る（吉川
2011）。

　そうしたサムスン方式の卓越性は，スマートフォンや薄型テレビ，NAND型
（不揮発性記憶素子）フラッシュメモリ，DRAM（Dynamic Random Access Memory：
記憶保持動作が必要な随時書き込み読み出しメモリ）などで世界市場シェアトップを
とっているということや，莫大な研究開発費を投じていること（2018年では世界
一と報じられた）からも裏付けされる。

　サムスン電子は"Think of the Market, Act for the Customer"をマーケティ
ング・ポリシーとして，①デジタルメディア（テレビなど），②情報通信（携帯電
話など），③生活家電（洗濯機，冷蔵庫など），④半導体，⑤液晶ディスプレイと
いう5つの事業で，デジタル・コンバージェンス革命（デジタル機器を複合化し
て，全く新しい価値を創造すること）を推進した。

　これらの事業は，2009年に半導体とそれ以外（部品と製品）に再編成された。
部品はデバイス・ソリューション，製品はデジタルメディアコミュニケーショ
ンとして消費家電（医療機器を含む）や情報技術・モバイルコミュニケーション
に注力された。

　このようなサムスン電子の戦い方は，ボストンコンサルティンググループの
ストークらが示した6つのハードボール戦略（Stalk, Lachenauer and Butman
2004／邦訳 2005）を網羅していたと評することができる。この戦略を採る企業
は真剣勝負を志す。フェアプレイで愚直に競争優位を磨く。また，硬球である
ので，気が抜けない。全社総力戦で手持ちのリソースを最大限に活用して，試
合のどの場面（攻撃・防御）でも勝つことを意識する。僅差で競り勝つ辛勝より
も，途中で勝利が決まったような大勝をめざす。

　こうした試合結果を積み重ねることで，その企業は競争優位の先にある「決
定的優位（ディサイシブ・アドバンテージ：他社が追い付けないほど強力な優位に立
ち，他社が対抗策を取ることも，その優位を奪うことも困難な状態）」を追求できる。

2　サムスン電子に見るハードボール戦略

（1）半導体に絞り込む

　ここでは，サムスン電子に見るハードボール戦略について解説していく。

　1つ目のハードボール戦略は，強力で圧倒的な力を爆発させることである（Unleash massive and overwhelming force.）。これは，ハンマーで一撃するようなもので，狙いを定めて直接，すばやく打ち付けるのである。狙い撃ちをするにはエネルギーが充足されてからのほうが効果的だからである。

　サムスン電子にとって，それは半導体（システム・オン・チップ）であった。電気信号を制御する半導体は，電子機器に欠かせないパーツであり，「産業のコメ（非常に重要で多く使われるモノ）」といわれる。

　2016年，ソフトバンクがイギリスの半導体設計（コンピュータのチップセット）会社アームを約3.3兆円で買収したのも，IoT（インターネット・オブ・シング：モノのインターネット化）に移行する未来社会を見据えた上でのことだった（ただし2020年にアームはアメリカの半導体大手NVIDIAに売却された）。

　サムスン電子の半導体事業は，内的要因として連続した技術開発と量産体制によるコスト削減があり，また，外的要因としてフラッシュメモリやDRAMに高いニーズがあり，この両方の要因によって支えられた。

　これらの要因に応じるため，半導体への先行投資を他社に先駆けて行い，新技術を開発し，それを利益率の高い製品として販売していった。1990年代，サムスン電子の半導体の製品開発と工程過程は，日本企業の3〜6ヵ月，韓国企業の6ヵ月先に進んでおり，2001年では1年ほど先行していた（韓国経済新聞社編 2002, p. 32.）。

　サムスン電子は，1992年に世界初となる64メガDRAMを開発して以来，2001年に4ギガDRAMを開発した10年間で，4世代にわたり，最高の技術水準と価格競争力によって半導体市場をリードした。2003年の半導体事業の営業利益は30.4％と，世界トップレベルであった。

　2005年には，半導体の回路線幅が50ナノメートル（ナノは10億分の1）で記憶容量は16ギガビットのフラッシュメモリ（より薄く，より大容量のメモリ）を世界

で初めて開発した。これによって，最大32ギガバイト（8ビットで1バイト）の
メモリカードが製造でき，DVDレベルの画質動画なら32時間，新聞なら200年
分の情報を記録が可能になった。フラッシュメモリは電源を切ってもデータが
消えない特質があるので，スマートフォンでの需要が極めて高い。現在，日常
的に使用しているスマートフォンのギガバイト（GB：データ通信量）は，そうし
た高性能の半導体デバイスが「縁の下の力持ち」になっている。

　サムスン電子の半導体事業は，このようにして競争優位を確立し，他社を
次々と凌いでいき，現在ではインテルを競合相手にして首位の座を争ってい
る。2017～2018年ではデータセンター需要の拡大という追い風を受け，スー
パーサイクルと呼ばれる好況期を迎えた。

　だが2019年の半導体売上高ではメモリ不況という外的要因の悪化のため，首
位の座を3年ぶりにサーバ向けCPU（中央演算処理装置）のニーズに支えられた
インテルに譲ることになった。それでもメモリの世界シェアの40％を占めてお
り，インテルとのデッドヒートを繰り返しつつも，サムスン電子のデバイス・
ソリューションでの決定的優位は追求されていくことが見込まれる。

　例えば2020年第2四半期に，半導体部門は第5四半期ぶり最大の5兆4,300
億ウォン（約4,900億円）を売上げ，全体営業利益の66％以上を占めた。コロナ禍
で在宅勤務やオンライン授業が増えたことで，サーバ用半導体のニーズが高
まったからである。

（2）7・4制で意識を改革する

　2つ目のハードボール戦略は，特異な事態や状況を利用することである
（Exploit anomalies.）。ここでは「アノマリー」という不規則性，規範からの逸脱
がキーワードになる。

　アノマリーは，商品開発においても顧客の特殊な好みに対応するという手法
にもなる。例えば辛いモノが好きな人に向けて，東ハトは『暴君ハバネロ』と
いうウマ辛ポテトスナックを販売している。また，外食ではパクチー専門店が
これに該当する。

　かつてはソニーの『ウォークマン』開発のきっかけもそうであった。当時，
社員が取材用に用いられる録音機『プレスマン』を改良して，イヤホンを通す

ジャックを作り，音楽を聴いていたという一風変わった行動を盛田昭夫が見て，『ウォークマン』のアイデアをひらめいたのである。

　テレビ番組でも，テレビ朝日の『アメトーーク！』は，特定の分野が好きな芸人がそれについてマニアックな話を展開するというアノマリーを売りにしている。

　サムスン電子でのアノマリーは，働き方改革に用いられた。サムスン電子のハードボール戦略の始まりは1988年，ソウルオリンピックが開催された年に「第2の創業」を宣言し，1993年，全社員に「家族以外は全て変えよう」という大号令をかけて始められた「新経営」に求められる。

　当時の社内では上部に虚偽の報告をすることがまかり通るほど，ピラミッド型組織での情報伝達の不徹底が生じていた。組織として大きくなり過ぎたことで，かつてのGMなどに蔓延した大企業病（ゴリアテ・コンプレックス）に陥っており，現状に満足して進化を拒み，惰性や人間関係でビジネスを続けていた。

　そうした悪しき慣行を拭い去るために着手した「新経営」では，7・4制というアノマリーを活かした働き方を実施した。一般に韓国企業は，午前8時半に始業し，午後5時半に終業する。それをサムスン電子では，午前7時から午後4時までの仕事時間（7・4制）にした。

　導入当初は午後4時になっても仕事を終えて帰る者が少なかった。そこで，会社の主電源を4時で切ることで，帰宅を強制的に促した。残業がなくなったことで，社員は勤務時間に集中して仕事をするようになり，休憩を入れながら仕事をこなすこともなくなった。この7・4制は8年8ヵ月続けられ，それ以降ではフレックスタイム制が取り入れられたが，7・4制では社員自らが変化したとされる。具体的には次の5つの効果があった（キム，ウ 2003／邦訳 2004, p. 36.）。

① 朝，目を覚ましたときに「変わらなければ生き残れない」という危機感を社員に感じさせた。
② 20万人もの社員が他の人々より1時間早く出社したため，交通渋滞を解消することに役立った。
③ ラッシュアワーを避けることで，物流費用を減らし，それが業務効率につながった。

④ 夕方以降の時間を社員個人に帰して，クオリティ・オブ・ライフを高めた。
⑤ 退社後はレジャー活動や勉強（資格試験用など）の時間に充てられ，また，
　既婚者は家族サービスを行うという有意義な時間を過ごした。

　1つ目は意識改革，2つ目と3つ目は社会的なメリット，4つ目と5つ目は個人的なメリットである。つまり7・4制は社員に，李健熙会長（当時）の方針を伝え，自分で行動を変化させ，個人の生活の質を向上させたのである。社員が各自で未来への見通しを立てられるようになり，そうした企業文化というソフトな側面が，サムスン電子の全社総力戦の展開を可能にしたのだった。

　社員の知識という点では，それまでは自分の専門分野にしか関心を持たないⅠ字型が多かったが，自己啓蒙の時間が増えたため，他の分野にも興味を示し，横に知識を拡げるＴ字型が多く育った。自社分析では61％がそうした学習を行い，外国語の資格取得者は1万4,200人から3万500人に倍増し，情報関連の資格取得者では1,900人から3万5,000人と18倍に増えたとされる（キム，ウ 2003／邦訳 2004, p. 39.）。

　こうしたＴ字型は組織的にも根付くようになり，これに関して当時の李淳東構造調整本部副社長は次のように語っていた（韓国経済新聞社編 2002, p. 165.）。

　「サムスン電子を含めたサムスングループは，知識と情報を扱う文化から他社とは違う。社員は新入社員時代から，報告として聞く全ての情報を整理して報告することが身についている。自分と直接関連の無い，他の事業分野やグループ全体と関連した話を聞いた場合にも，必ずその関連者に知らせるのが不文律となっている」。

（3）ステイとモバイルの双方で高付加化価値製品を創る

　3つ目のハードボール戦略は，ライバル社の「利益の聖域」を脅かすことである（Threaten your competitor's profit sanctuaries.）。利益の聖域とは，その企業が多くの売上高を得て，資金源にしている事業・製品・地域のことである。

　サムスン電子の場合，事業は半導体であり，製品は後述するようにテレビと携帯電話であり，地域は世界三大市場となる。ライバル社のそうした聖域に踏み込むには，技術格差をなくし，さらにそれを追い越す必要がある。これに関

して，李健熙は次のようなたとえ話をしていた（韓国経済新聞社編 2002, p. 76.）。

「ドライバーショットで180ヤードを飛ばす人が，コーチを受けて200ヤードまで伸ばすことは簡単だ。さらに練習をすれば220ヤードも可能だろう。しかし250ヤード以上を飛ばすには，グリップの握り方からスタンスの取り方など全てのやり方を替えなければならない」。

そう語る李健熙は「新経営」元年になる1993年に開かれた「先進製品比較展示会（世界中のブランド製品とサムスン製品を並べて展示するもの）」において，1点ずつ製品を取り上げ，次のようにコメントした（キム，ウ 2003／邦訳 2004, p. 76.）。

「テレビの画面比が4：3や16：9ではない，独創的なワイド製品を作らなければなりません」「テレビのブラウン管が出っ張っていますが，これをフラットにする道を模索してみましょう」「リモコンが複雑すぎます。これは技術陣が使う人の便利さを考えなかったことが原因です。持ちやすく，簡単にオン・オフの機能だけで操作できるリモコンを作る方法を研究してみましょう」。

こうした他社製品との比較を通じて，サムスンマンは自社製品の現状を知り，これから何をなすべきかを深く理解した。この展示会を終え，李健熙は次のように告げた（曺・尹 2005, p. 145.）。

「ソニーの『トリニトロン』のように，独自な標準のテレビが必要だ」「既存の枠を破ったサムスンだけの，サムスンのアイデンティティを活かすことのできるカラーテレビを開発せよ」。

この指令に従って「世界に存在しないテレビの開発」がめざされ，「名品プラスワン」が完成した（1996年）。このテレビは，従来のテレビ画面の横：縦の比率が4：3であるのに対して，12.8：9という比率となり，横幅が長くなった。

これにより，世界で初めて，それまで画面の両端に隠れていた数センチの部分を映し出すことに成功した。テレビは放送局が送出する画面の80％しか映せなかったが，その問題をクリアにしたのである。それは「名品プラスワン」に付けられた「隠れた1インチを探した」というキャッチコピーに如実に示されている。

これが「プラスワン」にあたる部分であり，「名品」としてもワイドテレビに生じる左右の歪みや，電流が急変する際に発生する画面の揺れを最小化した。そして，節電スイッチを付けて，待機電力（スタンバイ・パワー）を減らす措置

も取った。こうした装置が備わっているのに，一般のテレビと同じ価格帯であったことから大ヒットした。

　販売年に韓国市場での29インチ製品群の中では45％の市場シェアを占めた。1998年までの3年間では内需46万台，輸出53万台（輸出名「Vision Plus」）となり，合計約100万台が販売され，その後のサムスンブランドの礎となった。

　現在では，2019年までの14年間，連続して世界のテレビ市場シェア1位を獲得している。量子ドット技術を用いた「QLEDテレビ」を主力製品として，2019年では金額ベースでサムスン電子が30.9％（2018年は29％，2017年は26.5％であり，年々シェア率を高めている），2位も韓国のLG電子16.3％であり，韓国勢でワン・ツー・フィニッシュを決めた。このときの3位はソニー9.4％，その次がハイセンスとTCLの中国勢が6.4％ずつであった。

　2019年の販売台数ベースでもサムスン電子19.8％，LG電子12.2％，TCL9.2％，ハイセンス7.8％，シャオミ（小米）5.8％とトップシェアを保持した。中でも75インチ以上の超大型テレビ市場では金額ベースで49.6％と，2位のソニー19.1％と大きく差を付けた（イギリス調査会社HISマークイット調べ）。

　また，携帯電話についても2001年から注力し始めた。自社の技術力を高いデザイン性で示すことのできる芸術的製品（ステート・オブ・ジ・アート・プロダクツ）として，デジタルテレビと携帯電話を選び，その最上級（トップ・ノッチ）ラインを設定した。

　なぜ，この2製品であったかというと，人々の生活の2パターンとなるステイ（在宅）とモバイル（出先）それぞれに最も密接したプロダクトであるからだった。

　現在，この携帯電話（スマートフォン）市場でも，サムスン電子はGalaxyを主力製品として，世界トップシェアを獲得している（携帯電話の時代はAnycallが主力製品だった）。2019年のスマートフォン出荷台数では，サムスン電子が21.6％で1位，それ以降にはファーウェイ17.6％，Apple13.9％，シャオミ9.2％，OPPO8.3％と続いた（Apple以外は中国勢）。

　このようにiPhoneを凌ぐほどのスマートフォンとなったGalaxy開発などの舞台裏に迫ったのが，韓国に在住し，数多くのサムスンマンに取材し，英誌『エコノミスト』や米誌『ウォールストリート・ジャーナル』などに，その記事を

掲載してきたライターのカインである。その著では「断固として恐れを知らないアジア企業」のサムスン電子が，どのようにして世界レベルの競争に耐えるだけのフォース（物理的な力）を養ったのかを詳細に描いている（Cain 2020）。

（4）すばやく模倣し，自社ブランドに資する

　4つ目のハードボール戦略は，アイデアを借りて自分のものとすることである（Take it and make it your own.）。他社が用いているアイデアやプラクティス（慣行），ビジネスモデルなどに価値あるものを見つけたら，自社にそのエッセンスを組み入れるのである。

　これは「NIHシンドローム（Not invested Here Syndrome：自社開発主義症候群＝自社開発のものしか採用しないこと）」の逆張りで，NIHにはこだわらないということを示している。もちろん，著作権や特許を侵害しない範囲で行う。特許が欲しいならば買い取ればよいというスタンスを取った。

　これは，かつて東レがデュポンからナイロン特許を取り入れたり，ソニーがAT&Tのベル研究所から半導体特許を買い，ラジオを作っていたりしていたことに学び「1億ウォン出せば1週間で持ってくることができる技術を10億，20億ウォン注ぎ込んで3〜5年かけて開発するようなことはしない」と決めたからだった。

　このように，サムスン電子は技術導入については「ファスト・フォロワー（すばやい模倣者）」であった。例えばDRAM自体を自社で発明したわけではないが，それに価格競争力と高品質という付加価値を与えて，世界市場を制したのである。

　また，日本を始めとする世界的な企業をベンチマーキング（他社の優れた事例を指標として比較・分析し，自社が改善すべき点を見出すこと）をした。電子ではソニー，松下電器産業（現パナソニック），重工業では三菱重工業，繊維では東レ，新製品開発ではモトローラ，ソニー，3M，品質管理ではウェスティングハウス，ゼロックスなどから学び取った。サムスングループは，他企業の調査・分析にかけては巧かったといわれる。

　技術導入について，こうした考えであるのは，もともとサムスン電子が日本企業によって創設されたことに求められる。1969年，「未来社会は電子産業が

主役になる」という信条の下，サムスン三洋とサムスンNECの持ち株会社として誕生したのが，サムスン電子だった。

　当時の韓国政府が電子工業を輸出産業として育てるための「第2次経済開発5ヵ年計画」(1967〜1971年) や「電子工業振興法」(1968年) を制定していたことが背景にある。そうした政府からの支援もあって，サムスン電子は三洋電機とNECの技術提携から，テレビなどの家電を作り始めた。

　1969年の三洋電機との合弁契約の1つに「外国製機械，設備及び原材料は三洋電機が斡旋・提供するが『世界的に競争できる価格』で提供する」という項目があった。この時点から「アイデアを借りて自分のものとする」という姿勢だったのである。

　この時には次のような「技術導入の4原則」が立てられ，技術の受入れだけでなく，その定着がめざされた (曺・尹 2005, p. 37.)。

① CEOは率先垂範して積極的に技術を導入して，それを効率的に活かさなければならない。
② 導入拠点は東京に置き，特許などの高度な情報や資料を入手して活用する方法を研究しなければならない。
③ サムスン内部の力だけで全ての問題を解決しようとするのではなく，KIST (韓国科学技術研究所) やKORSTIC (韓国科学技術情報センター) など韓国内の研究機関を積極的に活用すること。
④ ただ頭を下げて低姿勢でお願いするのではなく，技術導入の目的を明確にして，利益を考えなければならない。

　当時，韓国には教育水準の高い技術者や技能工が多かった。そして，国土面積が小さいため，環境汚染の少ない産業がのぞまれていた。これらの条件を満たす産業の中でも，初期投資が少なくて済み，少しずつ育てることのできる電子産業が選ばれたのである。そうしてサムスン電子は，ラジオとテレビの組み立てから始めて，技術と知識を蓄え，電子レンジやVCR (ビデオカセットレコーダー)，冷蔵庫，洗濯機へと製品領域を拡げていった。

　サムスン電子も創業当初は，本書第1章で取り上げたフレックスのように

OEMという「匿名の輸出」を専門とした。だが，成長する過程においてOBN（Own Brand Name：自社ブランド）への自覚を強めた。OEMは技術力やマーケティング力の乏しいメーカーが，他社のノウハウに学びながら成長するには効果的である。ところが，技術力が形成されてきた場合には，メーカーは自らの名前で製品を販売したほうが得られるもの（ブランド，名声，市場機会への対応など）は大きい。

　そこで，サムスンは"SAMSUNG"の名前を自社製品に付け，OBN戦略へと舵を取ったのである。"SAMSUNG"のロゴマークの青色は「安心感」「信頼感」を与える色であり，楕円形は「宇宙」「世界」を象徴したものだった。

　1980年代には，既に述べたように半導体事業に参入し，総合エレクトロニクスメーカーへと転身した。半導体に進出した決め手は，石油輸入に依存している日本が第2次石油危機の後でも，大きなダメージを受けていないことを見たからであった。日本は石油ショックにも耐えうるほど，先端技術作業が発達しているので，自国もこれに倣うべきだと確信したのである。その中心に据えたのが，半導体事業だった。

　東京にてサムスングループが半導体産業（DRAM）に進出するという「東京宣言」がなされたのは1983年のときであった。その10ヵ月後には早くも64キロDRAMを開発した。この時点で先進企業との技術格差は4〜5年遅れであったが，1984年の256キロDRAMでは，その差は3年に縮まり，1990年の16メガバイトDRAMで追い付いた。

　その援護射撃となったのが研究開発費への出資である。総売上げに対するR&Dへの出資比率は1980年で2.1％，1985年で3.0％，1990年で4.2％，1995年で6.2％と伸びていた（Kim 2004, p. 303.）。半導体開発を潤沢な資金が支えていたのだった。

　その支援は2004年，サムスン電子創設35周年のとき，グループ（サムスン電子，サムスンSDI: Samsung Display Interface component，サムスン電機，サムスンコーニング）として約250万倍の成長を遂げたことに結実した。

（5）デザインとブランディングで差別化を図る

　5つ目のハードボール戦略は，自社が最も利益を得られる事業領域からライ

バル社の後退を誘うことである（Entice your competitor into retreat.）。これは 6
つある戦略の中で，最も複雑で高度なものとされる。その 1 つの手法に，グッ
ドデザインによるパワーブランドを構築することで，ライバル社を押し出すこ
とがある。

　サムスン電子が，この手法を始めたのは1996年のときだった。同年を「デザ
イン革命元年」と位置付け，OBN の強化を本格的に展開し出した。それ以前
の助走として，1990年代に入り，李健熙は「ベンツやソニーのように，遠くか
ら見ても，ひと目で『サムスンらしさ』が分かるような固有のアイデンティティ
を開発しよう」と促していた（曺・尹 2005, p. 153.）。この「サムスンらしさ」を打
ち出すための最大の要素をデザインに求めたのだった。

　1996年には，デザイナーの育成を目的としたデザイン研究所（IDS: Innovative
Design lab of Samsung）が設立された。その大きな成果は IDEA（Industrial Design
Excellence Awards）という世界的なデザイン賞で，1997～2001年の間に16のサ
ムスン製品が優秀賞を得たことである。この数は Apple と同じであり，IDEA
の最多受賞を記録した。

　2001～2005年の間では19のサムスン製品が受賞した。その 5 年間では世界で
最も受賞数の多い企業となった。その時，2 位以降は Apple17，IBM15，ナイ
キ13製品と並んだ。これは，アジア企業で初めてアワード・リストのトップを
獲得したことを表していた。米誌『ビジネスウィーク』は，サムスン電子を「デ
ザイン発電所（design powerhouse）」と評した。

　こうしたデザインの「格」を高めておくために，1998年から「叩き売りはし
ない運動」を始めた。安値では販売しないことを徹底したのである。アメリカ
市場では「エブリデイ・ロープライス」をスローガンとするウォルマートへの
製品供給を次第に減らしていくことで，高級感を演出した。

　2020年の IDEA においても，サムスンデザインは席巻し，48のデザイン賞を
受けるほど，デザイン経営は堅固なものとなっている。また，同じ韓国企業の
LG エレクトロニクスや現代自動車も多数受賞しており，デザイン経営におい
ても，タイガーマネジメントが実践されていることが確認できる。

　こうしたデザイン性の高い製品を創出するとともに，それを対外的に告知す
るために，サムスン電子は1998年の長野冬季からオリンピックの公式スポン

サー（TOP：The Olympic Partners）となった。これにより，ブランドをワールドワイドに広めることができた。

　企業がTOPになることは，通常のメディア・チャネル以外のところで，巧みに自社をアピールして，注意を引き，ブランドを世に知らしめることができる（Aaker 2005, pp. 167-168.）。

　サムスンのTOPは，2028年ロサンゼルス夏季大会まで，オリンピック公式後援契約が延長されている（2020年時点）。この後援契約を通じて，これまでの無線通信やコンピューティング分野以外にも，5G（5th Generation：第5世代移動通信システム），AR（Augmented Reality：拡張現実），AI（Artificial Intelligence：人工知能），VR（Virtual Reality：バーチャルリアリティ）関連の公式スポンサー権も確保した。

　このようなサムスン電子のブランディングは「デザイン革命元年」の1996年から開始された。当時，同社の海外マーケティングは，個別製品の販売広告をするだけだった。海外で依頼していた広告代理店は55社もあり，サムスン全体のイメージをまとめるCI（コーポレート・アイデンティティ）が未確立であり，サムスンブランドのイメージは「低価格」「低品質」「模倣」といったものになっていた。

　これを払拭するために，サムスン電子以外のグループ会社が海外でサムスンブランドを使用することを止めた。もし使用したい場合には，ブランド委員会が事前承認しなければならなった。

（6）品質管理を徹底し，「真実の瞬間」を自己革新の契機とする

　6つ目のハードボール戦略は，妥協を決してせず，現状に満足することなく，絶えず自己革新する姿勢を持つことである（Break compromises.）。

　1977年，サムスン電子はTQC（Total Quality Control：全社的品質管理）を本格的に導入した。1983年からはQ‐1作戦という，全社の工程内不良率を1％に抑えることがめざされた。1984年には「無欠点主義」を宣言し，サムスン製品に欠陥があった場合，購入日から6ヵ月以内なら無償で交換した。これは当時の韓国企業で初めて実施されたものである。

　しかし1990年代に入っても「3万人が作って，6,000人が直す」といわれたほ

ど，未だにアフターサービスがセールスポイントとなるような企業体質のままであった。この状態を変える契機は1993年に訪れた。同年，李健熙がロサンゼルスにて「電子部門輸出商品の現地比較評価会議」を開いたときのことである。

　その足で現地の量販店を訪問した際に目の当たりにしたのは，サムスン製の商品が棚の中央ではなく，棚の後部や上部といった人目に付きにくいところに積まれていた現実だった。ソニーやパナソニック，東芝，日立，フィリップスなどの製品が陳列棚の前方に置かれ，サムスン製のテレビやVCRは，その後ろで箱に入ったまま「バーゲンセール」という赤札を貼られて，埃を被っていた。

　この「真実の瞬間（モーメント・オブ・トゥルース）」に李健熙が出会ったことが，サムスン電子を自国から押し出し（プッシュ・フロム・ホーム），グローバルビジネスへと向かわせたのである（Bartlett and Ghoshal 2000, pp. 136-137.）。「真実の瞬間」は，自国という巣（ネスト）だけでの成功に満足している企業に，国際化への最初のステップを提供する。

　自社製品に積もった埃を払いながら，李健熙会長は，他社の人気のある製品を買って帰り，それを自らの手で分解してみた。その中身は，サムスン製のモノよりも出来上がりが良く，使用されている部品も少なかった。エンジニアでなくても明らかに分かるほど，品質の違いがそこにあった。

　このことをエピソードゼロとして，これまでに述べたような「新経営」を転機にした6つのハードボール戦略が実行されたというわけである。「新経営」はドイツのフランクフルトで全役員1,800人を収集してなされたので「フランクフルト宣言」とも言われる。

　統計学者であり，日本の全社的品質管理にも多大な貢献をなしたデミングは「品質改善の鍵を握るのは，社員ではなく，組織の構造である」と述べたが，まさにこの点に訴えかけたのが李健熙の「新経営」だった。「新経営」が，いかに社運をかけた取り組みであったかは，不良品を大量に生産して安い値段で販売していたことへの戒めとして，不良品の多いモデルの携帯電話の在庫を全て回収して燃やしたというエピソードが象徴している。この「不良品の火刑式」は，全てのサムスンマンに最大の意識改革（パーソナル・イノベーション）を持たせるのに十分だった。

　他にも，業務用電話機やファクシミリなども燃やされた。処理には莫大な費

用がかかったが，全社一丸となる雰囲気を生み出した。こうした危機意識を巧みに利用したサムスン電子の経営手腕は，同社常務を担っていた吉川良三も現場の皮膚感覚で感じ取っていた（畑村・吉川 2009）。ちなみに，吉川良三は「新経営」は，松下幸之助の「商いの心（いかに松下が大きくなろうとも常に質実剛健を旨とする）」を参考にしていたのではないかという仮説を持っている。

「新経営」後には，量より質を重視するために，家電製品の生産ラインにラインストップ制が導入された。不良品が生じたときは，すぐにラインを止めて改善されるまで稼働しないようにした。この制度によって，VTRでは11％だった不良品率は1年後に7％まで低下した。

このようなプロセスの改革を行っていたことで，かつて日本企業が第2次石油危機でも持ちこたえたように，1997年の韓国通貨危機に際しても，韓国の他の財閥（チェボル，起亜，ニューコア，眞露，韓一，巨平，大宇，ヘッテ，新湖など）が軒並み経営破綻した中，サムスングループは耐えることができた。

2003年には，「新経営第2期」として，①天才経営，②未来の成長エンジンの発掘，③中国市場の戦略強化を新たな目標として掲げた。

天才経営とは，ソフトウェアに関するもので，類い稀な才能を持つ天才が会社に1人いれば，1万人の組織を導くことができるので，そうした人材を育てるということである。

これについては，サムスンSDS（システムインデクレーター）での勤務経験がある金榮安が社内からの視点で，世界各地から優秀な人材をスカウトして，徹底した社内研修でサムスンマンに仕立て上げたり，不況下でも人材の獲得や育成に資金を投入したりした様子を描写している（金 2006）。また，サムスン半導体通信に勤務していた李炳夏は，サムスン電子では人事部が戦略パートナーであり，ここがサムスン経営の屋台骨だったことを明らかにしている（李 2012）。

未来の成長エンジン発掘とは，コンテンツに関するもので，ワールドワイドな製品を作ることで収益性を高めることである。これは，本章で見たように薄型テレビとスマートフォンが牽引している。

中国市場の戦略強化は，ハードウェアに関するもので，世界の市場となった中国でのビジネスチャンスを最大限に活かして，中国市場でも競争優位を追求し，確保するということである。ただし現在では米中対立関係において，どち

らの陣営に付くかという踏み絵的な政治問題や，中国国内で高まる「国潮」という国産品（スマートフォンならシャオミ，ファーウェイ，OPPOなど）を支持して消費するというムーブメントの中で，中国市場でのサムスン離れが進んでいる。

3　戦略的インテント

　以上のようなサムスン電子の飛躍的な成長を一言で示す韓国語がある。それは「ハミョン・テンダ（やればできる）」である。

　サムスン電子が大きく飛躍し始めるとき，グローバルビジネス研究では「戦略的インテント」というコンセプトが提唱されていた（Hamel and Prahalad 1989, pp. 63-76.／邦訳 2008）。

　これは，1980年代に欧米企業が「戦略的フィット」というリソースとオポチュニティの適合度を測るため，当時主流だった経営理論（ポーターの3つの基本戦略や5つのフォース分析，『エクセレント・カンパニー』の8つのルール，マッキンゼーの7S，4つの製品ライフサイクル，2×2マトリクスなど）を駆使して分析し，自社の強みの範囲内（コンフォート・ゾーン）で事業を展開する中，日本企業（論文中では新興グローバル企業と称される）が，①グローバルリーダーになるという，取りつかれたような執念（obsession），②経営の厳しいコミットメントからなる「戦略的インテント」を持ち，積極的に国外の事業機会（オポチュニティー・ゾーン）に対応したと評したものである。

　奇しくも，この戦略的インテントは1990年代ではサムスン電子という韓国企業（新興グローバル企業）を指し示すコンセプトとなった。

　同じ時期には，「戦略的プランニング」と「戦略的シンキング」の違いについても示されていた（Mintzberg 1994, pp. 107-114.／邦訳 2003）。

　戦略的プランニングは，すでに存在するデータの分析（analysis）をするプログラミングにすぎず，経営者の経験や持論を最大限に用いて新しい洞察を得るという統合（synthesis），すなわち戦略的シンキングはなされていないということである。プランニングは分析重視で，コミットメントを伴わないことに問題がある。

　このことから戦略とは，意図的にデータに基づいて作る部分（deliberate）と，

実行する過程で新たに発見された事実に基づいて創発的・偶発的に作られる部分（emergent）の両方を含むものであると捉えられた。ビジョンは見ようという意思がないと見えないように，戦略は自らの手を汚して，より良い戦略を求めようとする中で生まれると指摘された。

　このような戦略的シンキングについても，まさに李健熙の強力なリーダーシップのもとにサムスン電子が実践で示した点であった。

◆エクササイズ

① 最近のサムスン電子のトピックスには，どのようなものがあり，それが本章での「6つのハードボール戦略」のうちのどれに該当するか考えてみよう。

② 世界のスマートフォン市場で上位に入る中国勢ブランド（ファーウェイ，シャオミ，OPPO）は，どのような会社であり，どのような戦略を採っているか調べてみよう。

③ これまでにIDEAで受賞したサムスン製品について調べてみよう。

④ サムスン電子以外で，オリンピックの公式スポンサーになっている企業を1社取り上げて，どのような形で支援しているか調べてみよう。

〔参考文献〕

韓国経済新聞社編，福田恵介訳（2002）『サムスン電子——躍進する高収益企業の秘密』東洋経済新報社。

金榮安著，青木謙介訳（2006）『ビル・ゲイツを3人探せ——サムスン流人材育成法』日経BP社。

キム・ソンホン，ウ・インホ（2003）*10 Years of Lee Kun Hee: Led Drive for Innovation*, Cheil Communication.／小川昌代訳（2004）『サムスン高速成長の軌跡——李健熙10年改革』ソフトバンクパブリッシング。

曺斗燮・尹鍾彦（2005）『三星の技術能力構築戦略——グローバル企業への技術学習プロセス』有斐閣。

畑村洋太郎・吉川良三（2009）『危機の経営——サムスンを世界一企業に変えた3つのイノベーション』講談社。

吉川良三（2011）『サムスンの決定はなぜ世界一速いのか』角川書店。

李炳夏（2012）『サムスンの戦略人事——知られざる競争力の真実』日本経済新聞出版社。

Aaker, D. A. (2005) *Strategic Market Management*, seventh edition, John Wiley & Sons.

Bartlett, C. A. and Ghoshal, S. (2000) "Going Global: Lessons from Late Movers," *Harvard Business Review*, March-April.

Cain, G. (2020) *Samsung Rising: The Inside Story of the South Korean Giant That Set Out to Beat Apple and Conquer Tech*, Currency.

Hamel, G. and Prahald, C. K. (1989) "Strategic Intent," *Harvard Business Review*, May-June.／邦訳 (2008)「ストラテジック・インテント「組織の志」こそ競争力の源」『DIAMOND ハーバード・ビジネス・レビュー』4 月号。

Hemmert, M. (2012) *Tiger Management: Korean Companies on World Markets*, Routledge.

Kim, L. (2004) "Samsung's Semiconductors," edited by Chow, I., Holbert, N., Kelley, L. and Yu, J., *Business Strategy: An Asia-Pacific Focus*, Second Edition, Pearson／Prentice Hall.

Kogut, B. (2003) "Designing Global Strategies: Comparative and Competitive Value-Added Chains," edited by Gupta, A. K. and Westney, D. E., *Smart Globalization*, John Wiley & Sons.／諸上茂登監訳 (2005)「グローバル戦略のデザイン——比較優位および競争優位の付加価値連鎖」『スマートグローバリゼーション』同文館。

Mintzberg, H. (1994) "The Fall and Rise of Strategic Planning," *Harvard Business Review*, January-February.／邦訳 (2003)「戦略プランニングと戦略思考は異なる」『DIAMOND ハーバード・ビジネス・レビュー』1 月号。

Song, J. and Lee, K. (2014) *The Samsung Way: Transformational Management Strategies from the World Leader in Innovation and Design*, McGraw Hill.

Stalk, G., Lachenauer, R. and Butman, J. (2004) *Hardball: Are You Playing to Play or Playing to Win?*, Harvard Business School Press.／ボストンコンサルティンググループ監訳，福嶋俊造訳 (2005)『「徹底力」を呼び覚ませ！——圧勝するためのハードボール宣言』ランダムハウス講談社。

第**3**章

ラグジュアリーブランド経営の戦略
▶市場づくりの法則

〈キーワード〉

ラグジュアリーブランド，豊饒の地，ブルジョアジー・ボヘミアン，
誇示的浪費

1　ブランド体系とラグジュアリーブランド

（1）3つのブランド体系

　本章では，ブランドについて考える。まず，楽天の創業者である三木谷浩史
は，ブランドを「超過収益力」と捉える（三木谷・三木谷 2013）。つまり，測定す
ることのできない潜在的な企業の価値ということである。企業の買収や合併に
おいては，現存する資産や負債の価値だけでなく，この超過収益力を加味した
企業価値が測定される。

　また，シュンペーターの弟子だったジェームズ・デューゼンベリーは，ブラン
ドを消費関数として捉え，デモンストレーション（人目）効果とラチェット（歯
止め）効果を有するとし，これを基本とした相対所得仮説を唱えた（Duesenberry
1949／邦訳 1955）。

　デモンストレーション効果とは，人は孤島では生きておらず，隣人を意識し
て暮らしている。自分が身に付けているもの（洋服など）や使っているもの（自
動車など）は常に人の目に晒される。そこにはフィードバック作用があり，そ
れを目にした人が，自分も欲しい・買いたいと思って購入するきっかけになる
ということである。

　ラチェット効果とは，例えば一度ステキなお店で美味しい食事をしたら，次
はそれ以下のランクのモノを口にしたくないと思うことである。同じお金をか

けるのなら，良い目を見たい。そうした歯止めのかからない消費行動のことである。

　一方，インターブランドジャパンでは「人々から認識されようと意図するエンティティ（人，組織，企業，事業体，都市，国など）によって行われる，あらゆる表現の総和」をブランドとする。世界的に見て日本企業は，この点が遅れを取っており，欧米や中韓企業と比べてブランド経営が弱いのが現状である（インターブランドジャパン編 2017）。それは，「ベスト・グローバルブランズ」のランキングを見ると一目瞭然である。

　この定義をより分かりやすく伝えるのは，同社エグゼクティブ・ディレクターの中村正道である。曰く，ブランディングは家づくりに似ているとする（中村 2019, p. 4.）。家づくりには多くのジャンルのプロ（設計士，測量士，大工，左官，電気など設備工事の技術士など）が関わる。彼らの仕事はハード（家）が完成したら終わりだが，その後に家を家として機能させるには，中長期的に管理することが必要となる。その全てに関わるのは家主しかいない。

　つまり，ブランディングの立ち上げには専門家の手を借りるとしても，それを管理・運営するのは企業自身に他ならないのである。これは核心を突いた指摘である。

　ブランド論では，どの商品を買おうかという選択の余地のないところにまで，消費者の購買行為を内部化した状態をブランドとする（Vaid, 2003, p. 8.）。その中でもグローバルブランドは，次の 5 つの次元での価値を創造すると見なされる（Steenkamp 2017）。

① 顧客選好：品質，グローバル文化，カントリー・オブ・オリジン。
② 組織的便益：新製品の迅速な市場投入，世界競争力，コーポレート・アイデンティティの創出。
③ マーケティング便益：メディア波及効果，リソースのプール，ベストアイデアの獲得。
④ 経済的便益：低コスト生産。
⑤ トランスナショナル・イノベーション：R&Dのプール，ボトムアップ・イノベーション。

このように，ブランドには様々な見地から多様な捉え方がなされるのだが，ブランド体系については次の3つに分かれることは共通認識になっている。

　1つめは，マスターブランドである。コーポレートブランドとも呼ばれ，会社名と商品名が同じのモノがそれに当たり，コカ・コーラやBMW，ハーゲンダッツなどが挙がる。これは，コミュニケーション効率は良いが，1つの商品の評判が数珠つなぎに全社につながるリスクもある。

　2つめは，フリースタンディング・ブランドである。P&Gが『パンパース』『アリエール』『ファブリーズ』『パンテーン』『ジレット』『SK-Ⅱ』，あるいはマースが『M&M'S』『スニッカーズ』と，それぞれに世界観を構築している個別ブランドを有していることが例に挙がる。商品名が会社名より際立っている。

　カップラーメンもこれに該当する。『ペヤング』『チャルメラ』『カップスター』『サッポロ一番』。このそれぞれのメーカー名がすぐ分かる人はどのくらいいるだろうか。メーカー名は順に，まるか食品，明星食品（日清食品グループ），後者2つはサンヨー食品である。すぐに会社名が出てこない場合，それほど商品名のほうが浸透しているということである。

　このタイプのブランドは，それぞれにマーケティングコストがかかることが難点である。このように，世界観をユニットごとに築くという点では，ジャニーズ事務所が定期的にグループをデビューさせていることも，一種のフリースタンディングタイプのブランディングであると見なすことができる。もっとも，ジャニーズの場合には，その社名にもブランドがあるので，次に挙げるエンドースト・ブランドの特質も有しているといえる。

　3つめは，そのエンドースト・ブランドである。これは商品名の裏に社名が書かれた（裏書された）タイプで，社名と商品名の組み合わせ（コーポレート＋プロダクト）から多彩な知覚品質を打ち出せる。トヨタの『カローラ』『プリウス』，ソニーの『ウォークマン』『プレイステーション』，AppleのiPhone，任天堂のSwitchなどが例に挙がる。難点としては，社名と商品名の双方のブランドの管理に労力がかかることにある。

（2）ラグジュアリーブランドとは何か

　ここからは，ブランドの中でもラグジュアリーブランドについて考えてい

く。例えば時計ブランドは，次の4つの分類できる（Doyle 2002, p. 196.）。

① 生産コストが高く，革新性が高い時計（差別化しやすい）：ロレックス，オメ
　　ガ（アポロ11号とともに月面に降り立った唯一の時計『スピードマスター』）など。
② 生産コストが低く，革新性が高い時計（差別化しやすい）：スウォッチ（バリ
　　エーション豊かなファッション・アクセサリーとして使用される。コレクター
　　ズ・アイテムにもなる）。
③ 生産コストが低く，革新性が低い時計（差別化しにくい）：セイコー，カシオ。
④ 生産コストが高く，革新性が低い時計（差別化しにくい）：目覚まし時計（シ
　　チズン）。

　この中で，高価なロレックスやオメガに対してWTP（Willingness to Pay：そ
の製品　サ　ビスに喜んで対価を支払おうとする意欲）を持つ人がいる。そうしたラ
グジュアリーブランドを購入して身に付けることで"I feel elegant."といった
感情（ラチェット効果）を得ることができ，"I am successful."といった状態（デ
モンストレーション効果）を周囲に示すことができる（Aaker 2005, p. 228.）。
　このとき，消費者が満足していることが重要である。周囲が自身の一部と
なったブランドの価値を認め，同意してくれているという社会主観の満足を得
られることが，ラグジュアリーブランドの有意義な部分である。
　一方で，コカ・コーラやマクドナルドもブランドである。これらは値段を気
にせず，誰もが気軽に買い求めることができるという意味で，規格品（スタン
ダード）ブランドである。つまり，一定の品質と機能（いつものあの味）が保証さ
れていて，消費者に安心感を与えるモノとして認知されている。自身が満腹感
や爽快感を得られればよいので，社会主観よりも単なる主観の満足で済む。そ
の他の日用品（コモディティ）も，このタイプのブランドとなる。
　また，ミッキーマウスやスヌーピー，ピカチュウといったキャラクターもブ
ランドである。中でもサンリオが1974年に生み出したハローキティは，当社の
"Small Gift, Big Smile"というコア・メッセージを具現化する代表的なキャラ
クターとなっており，企業とのコラボレーションも多い。「キティは仕事を選
ばない」といわれるほど，その提携する企業の幅は広い。

ハローキティの設定は出生地はロンドン，体重は林檎3個分，趣味は森で遊ぶこと，ピアノを弾くこと，パンを焼くこととされ，それ以外の設定やストーリー（原作）もない。デザインは「丸顔で口無し」というミニマルアートになっている。

　このキャラクターの効用は，単価の安いファンシーグッズ（文房具類）において顕著となる。低価格なので，子どもが自分の小遣いの範囲で購入でき，友だちのプレゼントとして買い求めることもできる。要するに，キティ・グッズが子どもの世界でのソーシャル・コミュニケーションを促す重要なツールとなっているのである（Belson and Bremner 2004／邦訳 2004）。

　以上のようなタイプのブランドとは一線を画し，価格帯が極めて高く，最高の品質を持って，社会主観の満足感を与えるのがラグジュアリーブランドである。ラグジュアリーブランドが提供するのは，ブランドイメージやデザイン，販売店の雰囲気などの「知価」であり，購入者はそれを消費するのである（堺屋 2005, p. 280.）。

　こうしたラグジュアリーブランドの中で，ブランド価値が最も高いのがルイ・ヴィトンである。インターブランド社の「ベスト・グローバルブランズ」での2010年代のランキングでは，2010年16位，2011位18位，2012・2013年17位，2014年19位，2015年20位，2016・2017年19位，2018年18位，2019・2020年17位と安定した順位を保持している。

　2020年でランクインしたラグジュアリーブランドは他に，シャネル21位，エルメス28位，グッチ32位，カルティエ73位，ディオール83位，ティファニー94位，バーバリー97位，プラダ99位である。

　日本におけるラグジュアリーブランド研究の第一人者である長沢伸也教授（早稲田大学）は，ラグジュアリーブランドの戦略は，従来のマーケティングやブランド理論の「十分な品質（相対的品質）の製品を，安い価格で，広い流通チャネルで，テレビなどで大量に広告・宣伝して販売する」という基本の逆張りの法則（anti-laws）を持っていることを指摘する。

　完全にこの反対を行い，「こだわりの卓越した品質（絶対的品質，感性品質）で，物語のある製品を，高い価格で，狭い流通チャネルで，ほとんど広告・宣伝しないで，パブリシティ（メディアに取り上げること）重視で販売する」という

ことである。したがって，既存のマーケティングやブランドの概念でラグジュアリーブランドを分析したり，経営したりすることには限界があるのである（長沢編 2010）。

2　ルイ・ヴィトンに見るラグジュアリー戦略

(1) ラグジュアリーブランド経営のエッセンス

ルイ・ヴィトンの品質は「丈夫で長持ち，壊れない」ことを保証する。「壊れにくい」ではなく，「壊れない（もちろん取扱いによるが）」というのは高品質の最大級である。

これに関して，長沢伸也教授は，ルイ・ヴィトンにはリペアサービスがあり，もし壊れても修理をすれば元通りになるので，一生ものとして使い続けられるし，自分の子どもにも使わせることができる。それはゴミにならないことを意味し，その点で，究極のエコ商品かもしれないと分析する（長沢編 2007）。

この視点は，エルメスの5代目会長を務めたジャン＝ルイ・デュマが，インドの民族衣装であるサリーが10世代に渡って受け継がれているように，ラグジュアリーとは流れる時間と深く結び付いていて，「自分自身よりも長く続くものである」と見なしていたことと呼応する（マルシャン 2002）。

ルイ・ヴィトンは，全ての製品をフランスの自社工場で製造する。工場は工房に近い形で手作業で進められ，縫製ミシン以外に機械はほとんどない状態である。

日本で，この作り方に近いのは一澤信三郎帆布（2006年に一澤帆布工業より独立）である。「京都市東山知恩院前上ル　一澤帆布製」というラベルの付いたキャンバス製の鞄で有名になった同社は歴史も長く（1905年創業），日本のルイ・ヴィトンともいわれ，高く評価される。

天然繊維の帆布による手づくりで，完全自社製造され，裁断からミシン縫製までの全てを職人が行っている。ルイ・ヴィトンが「メイド・イン・フランス」であるように，一澤信三郎帆布は「メイド・イン・京都」が徹底されている。販売方法も，百貨店への卸売りはしないで（期間限定の出展はあるが），直営1店舗とカタログ通信販売だけである。

一澤帆布工業の時には，加工所と売り場が同じところにあった。売り場の横のついたて越しに社長夫妻の机があり，これほど管理の目が行き届くブランドはなかった（現在も店舗と工房は同じ東山区の近距離にあり，工房では窓ガラス越しに職人の作業風景が覗けるようになっている）。

　こうしたものづくりへのこだわりが示されるエピソードがある。以前，一澤帆布のもとに，大手飲料メーカーから「清涼飲料1本ずつに付けるノベルティ用品として，鞄の形をしたプラスチック製のフィギュアバッグを作りたい」というオファーがあった。これに対して，一澤信三郎社長は「そんなものは面白くない。製造に関わらないと自信を持てない。うちが関わる意味が無い」と一蹴したのである（長沢編 2005, p. 199.）。

　このことは，①自分の知らないところで，自社名が勝手に取り扱われることに不信感を抱くこと，②製造も販売も信頼関係を築けていない人には任せないこと，というラグジュアリーブランド経営のエッセンスを伝えている。

　そうしたラグジュアリーブランドの雄であるルイ・ヴィトンは1987年にモエ ヘネシーと合併してLVMHとなった。LVHMグループの参加グループは，ファッションにはクリスチャン・ディオール，フェンディ，ジバンシー，ロエベ，ケンゾー，マーク・ジェイコブスなど。ウォッチ・ジュエリーにはタグ・ホイヤー，ブルガリ，デビアスなど。ワイン・スピリッツにはドン・ペリニオン，シャンドンなど60近くに及ぶ。2021年には，ティファニーを158億ドル（約1兆6,600億円）で買収した。

　このようなグループでは，傘下で安定した中核ブランドが得た利益を「発展途上のブランド」に投資して育成することができる。ユニクロのグループ化も，こうした手法（ブランド育成型投資）に近いものがある。

　LVMHグループを率いるのが「フランス・ファッション界の帝王」「ファッションの法王」と称されるベルナール・アルノーである。ベルナール・アルノーは，本物のスターブランドの条件に，①永続性，②強力なキャッシュフロー，③長期にわたる安定成長の3つを挙げる。この条件を満たすのは世界でもごくわずかであり，カルティエ，ルイ・ヴィトン，ドン・ペリニオンくらいだという。グッチについては，①モード（流行）に偏りすぎている，②キャッシュフローが弱い，③経営に波があると評価している。

　自社グループのルイ・ヴィトンやクリスチャン・ディオールなどが，アメリカのスポーツ系ブランド（ポロ・ラルフローレン，カルバン・クラインなど）と異なる点は「神話的な存在感がある」「贅沢という神話の一部である」ところだと見なしている（アルノー，メサロヴィッチ／邦訳 2003）。以下では，そのルイ・ヴィトンのラグジュアリー戦略について見てみよう。

（2）ルイ・ヴィトン小史

　ルイ・ヴィトンは1854年にパリにて創立された。同じくパリで1837年に設立されたエルメス，1847年創業のカルティエ，1910年創業のシャネルとともに，1世紀以上の歴史を有するラグジュアリーブランドである。

　創業者のルイ・ヴィトンは，レティエ・アンバルールという荷造用木箱製造兼荷造職人であった。王室や貴族階級が旅行に出かける際に用いるクリノリン（大きく広がったドレスなどの衣類を収納する木箱）を作っていたのである。

　パリのオペラ通り近くのヌーブ・デ・カプシーヌ通り4番街に世界初となる旅行鞄専門店「ルイ・ヴィトン・マルティエ（マルティエはトランク職人を意味する）」を開いたのが1854年のことであった。そこで革よりも軽く，防水性のあるグレー地のキャンバス（グリ・トリアノン）を張った自作のトランクを発表した。

　旅を原点として考えられた「軽くて丈夫であること」は，貴族からの高い支持を集めた。平らな形にしたのも，馬車での移動から船や機関車での移動が増えることを見通してのことだった。1912年，豪華客船タイタニック号の沈没事故において，その完成度の高さは示された。ルイ・ヴィトンのトランクにつかまったことで救命できた人がいて，また，遺品となったトランクの中身は水に浸っておらず，そのままの状態で残っていたとされたのである。

　国際展開では1885年にロンドンのオックスフォード通りに，海外初の店舗を構えた。この頃から偽物商品が多く出回るようになったので，ジョルジュ・ヴィトン（ルイ・ヴィトンの息子）が日本の家紋からヒントを得て，後のトレードマークとなる「モノグラム・ライン（イニシャルのLVに星と花を組み合わせたモチーフ）」を考案した。当時はプリントではなく，職人が手描きで施したので，さすがにこの匠の技術までを模倣することは困難なため，コピー商品は激減した。

（3）日本進出に際しての 2 つの契約

　ルイ・ヴィトンが日本に進出したのは1978年のときだった。戦前にはロンドンやアメリカにも店舗を構えていたが，このときに直営店はフランスのパリとニースの 2 店舗しかなかった。したがって，ルイ・ヴィトンの世界再進出の最初の国が日本であった。

　1970年代は海外旅行をする日本人が増えており，ルイ・ヴィトンは日本での価格の 3 分の 1 で購入できたので，店舗前には日本人の長い行列が絶えずできるのが常であった。ここでも，その行列の中に平行輸入業者が買い付けに来るという問題が生じていた。

　これに対抗するためと，日本での高い需要に応えるべく，1978年に日本支店となるルイ・ヴィトンジャパンを設立して，日本への直接輸入と販売をし，フランスでの販売価格とほぼ同額で提供し始めた（ルイ・ヴィトンジャパンは1981年に株式会社となり，2003年にLVJグループ　ルイ・ヴィトンジャパン　カンパニーとなる）。

　1978年に 5 店舗（高島屋日本橋店，高島屋サンローゼ赤坂店，西武百貨店渋谷店，西武ピサ大阪ロイヤル店，アンロワイヤル阪急17番街店）を同時期にオープンして，半年後には大阪高島屋にも出店した。初年度は 6 店舗全てで在庫切れの状態が続いていたが，それでも12億2,000万円を売上げた。

　こうした日本上陸時での爆発的なブームは2000年代のクリスピークリーム・ドーナッツ，2010年代のフライング・タイガーにも見られた。

　百貨店に出店されたルイ・ヴィトンは 1 店舗当たり20〜30坪の広さで，月間平均売上げは2,300万円に達した。1980年にはフランス工場の生産量が増したことで，6 店舗での売上げは初年度の 2 倍以上となる24億6,000万円を記録した。2002年では 1 店舗当たりの平均売上げが約 2 億6,000万円と，進出初年度の10倍以上になっていた。

　ちなみに堺屋太一は，日本でルイ・ヴィトンが好評な理由として，日本人の中流意識（中庸の妙，気軽なプライド）が関係していると捉えた（堺屋・東京大学堺屋ゼミ生 2004, pp. 26-29.）。

　日本市場でのルイ・ヴィトンの好調さは現在でも持続しており，2018年のLVMHグループの日本ディビジョンの売上高は33億5,100万ユーロ（約4,188億7,500万円）で，前年比13.3％増と堅調だった。地域別の売上げ比率もアジア

36.8%（うち日本7.1%），ヨーロッパ28.2%（うちフランス9.6%），アメリカ23.9%と，世界三大市場でまんべんなく売れているグローバルビジネスを継続している。

　このように日本でもラグジュアリーブランドとしてのプレゼンスを保った秘訣は，日本進出当初に結んだ2つの契約にあった（秦2003）。

　1つは，パリのルイ・ヴィトンと日本の百貨店が直接，商品を取引するというディストリビューション契約である。日本の主な百貨店の支店がパリにあったので，その支店がルイ・ヴィトンの倉庫まで商品を受け取りに来るようにした。ルイ・ヴィトンは倉庫から商品を出荷するだけで，その後の日本への流通は百貨店が行った。

　このように生産者側は流通・販売に関してノータッチで済むので，自社リソースを製造に集中することができる。この形式に近いのが，出前館やウーバーイーツ，ごちクルなどが行っている弁当などの注文・配達代行サービスである。配達網を持たない飲食店は調理に専念するだけで，注文客への配達をするスタッフがそれを店舗まで受け取りに来るのである。

　もう1つは，ルイ・ヴィトンジャパンと日本の百貨店が結ぶマネジメント・サービス契約である。フランス国内での取引と全く同じ内容で，ルイ・ヴィトンジャパンが日本でのブランドイメージの維持，商標の保護，宣伝・広告などを担うというものだった。その契約では，ブランドイメージを保つために，以下のようなことが盛り込まれていた。

① ルイ・ヴィトンと合意した百貨店内の場所に，ルイ・ヴィトン仕様の店舗を百貨店側で作る。
② 販売業務は，全て百貨店の従業員によってなされる。
③ 包装用など販売に関する全ての備品は，ルイ・ヴィトン指定のものを使用する。
④ 価格については，値崩れしないように協力する。
⑤ 販売員は，ルイ・ヴィトン指定のユニフォームを着用する。
⑥ 宣伝は，ルイ・ヴィトンが行い，その費用は折半とする。
⑦ その他の宣伝は，百貨店の費用であるが，事前の合意なしに行わない。

⑧ ルイ・ヴィトンの商品の販売は，ルイ・ヴィトンの店舗内のみで行い，店外催事や外商では行わない。

⑨ 商品の注文数に関しては，契約書に書かれたミニマムを同時にマキシマムとして，供給側は，それ以上の商品を提供する義務を持たない。

　このように細部にまでこだわった契約は，ルイ・ヴィトンという名前だけではなく，ルイ・ヴィトンが提供する価値も正しく理解してもらうためであった。価格についても創業以来，1度もバーゲン（安売り）を実施しておらず，ライセンス契約もほとんど行っていないことも特筆できる点である。

　ルイ・ヴィトンジャパンのトップを務めた秦郷次郎は，こうした理解を得てこそ，真の意味でブランドが構築されるという（秦 2003）。リアル・ブランドの要件には，①長い歴史，②一貫した伝統，③独特の技術とノウハウ，④ブランド独自の考え方・哲学，⑤独自の美意識，⑥高品質と補償の6つがあり，ルイ・ヴィトンには，その全てが備わっていると見なしていた。

　以上に挙げたディストリビューション契約は，1981年に銀座の並木通りに直営店を開いたときに，ルイ・ヴィトンジャパンが直接，本社から商品を輸入して在庫を管理し，各店舗に供給する形に変更された。

　1980年代後半になると，百貨店の2階かそれ以上のフロアに出店していた店舗は全て1階に移され，「囲われた店舗（百貨店1階のラグジュアリーブランド店）」に統一された。一方で，1990年代後半からは，世界の大都市でフラッグシップとなる路面店（大型店舗）を出店することに移行し，グローバルストア化（人目を引く立地展開）が進んでいった。

3　アメリカ市場におけるラグジュアリー・カー戦争

（1）レクサスのアメリカ市場参入

　価格帯や性能で明確な差が出て，分類しやすいのが自動車である。お寿司のように1皿均一価格の回転寿司から銀座の一等地での高級寿司までバリエーションが広く，分かりやすいセグメントに分かれている。したがって，ブランドイメージで購入が決定されやすい商品である。

　2020年の「ベスト・グローバルブランズ」にランクインした自動車ブランド
を挙げると，7位トヨタ，8位メルセデス・ベンツ，11位BMW，20位ホンダ，
36位現代，40位テスラ，42位フォード，44位アウディ，47位フォルクスワーゲ
ン，55位ポルシェ，59位日産，79位フェラーリ，86位起亜，93位ランドロー
バー，95位ミニの15ブランドが名を連ねている。

　この中で，日本で最も売れている外国車は，メルセデス・ベンツ，BMW，
フォルクスワーゲンである。毎年の順位は，この3社で入れ替わるが上位3社
を占めており，ドイツ3強（ビッグスリー）とも呼べるほど人気を集め続けてい
る（社名別輸入車，新規登録台数）。

　ドイツ3強の中でラグジュアリー・カーに分類されるのは，BMWとメルセ
デス・ベンツである。フォルクスワーゲンは，その名が示すように「国民車，
庶民車」である。1934年にアドルフ・ヒトラーが提唱した「全てのドイツ国民
が乗ることのできる小型自動車を作ろう」という国民車計画に沿って，フェル
ディナント・ポルシェ博士が創設したのがフォルクスワーゲンであった。

　ブランド論では，社名にはフォルクスワーゲン，あるいはブリティッシュ・
エアウェイズなどの航空会社のように説明的な名前と，コダック，スターバック
ス，ナイキなどのように抽象的な名前に分かれるとされる（Vaid 2003, pp. 25-27）。

　BMWは「バイエリッシュ・モトーレン・ヴェルケ」の略で，ミュンヘン地
方バイエルン地方の発動機製作所（エンジン工場）という説明的な名前である。
ロゴマークの青と白は，会社のルーツである，バイエルンの青空を飛ぶ飛行機
のプロペラをイメージしたものである。つまり，BMWは1960年代まで航空機
エンジンをオートバイとともに主力商品としていたのである。

　1960年以降では，その技術が自動車製造へと活用された。ターゲット層にし
たのは30歳以下の若者であり，彼らを「ニュークラス」と称して，「気取らない
上質（unpretentious exclusivity）」をブランド・エンゲージメントの中心に据えた。

　1960年代のアメリカ市場では，まだBMWは「通（イン・ザ・ノウ）」な乗り物，
つまり知る人ぞ知るという存在だった。その「通」の者からは「上品で洗練さ
れている（シック）」と思われており，そこが先行していたメルセデス・ベンツ
やポルシェとの差別化ポイントとなった。1979年には全体の売上げの10%（35
万台のうちの3万5,000台）をアメリカ市場で得た（Kiley 2004／邦訳 2005）。

1970年代中頃にアメリカの広告代理店が作成した「究極のドライビングマシン（Ultimate Driving Machine）」というスローガンとともに，その後において，アメリカ市場におけるラグジュアリー・カーのポジションを堅固なものにした。経営学の視点では，BMWは開発費の大半を健全なキャッシュフローから賄い，負債を増やさないことや，業界における営業利益率の高さが評価された。

　現在でもアメリカ市場では好調であり，2019年のプレミアムラージセダン販売台数では『メルセデス・ベンツＳクラス』（1万2,528台）に次ぐ2番手に『BMW7シリーズ』（8,823台）が位置付いた。メルセデス・ベンツが前年より16.3％減となった一方で，BMWは前年より552台多く売上げ，2ランク順位を上げた。このときの3位には7,951台販売された『キャデラックCT6』，4位には6,625台販売された『ポルシェ・パナメーラ』，5位には5,528台販売された『レクサスLS』が入った。

　『レクサス』は「完全への飽くなき追求（Relentless Pursuit of Perfection）」をスローガンとして，1989年にトヨタが社名を隠してアメリカで販売を開始したワールドクラス・カー（同クラスのライバル車の比較対象となるクルマ）だった。このとき，アメリカではトヨタのイメージは『カローラ』によって「若々しくてスポーティな小型セダン」として定着していたので，それとは全く異なる世界観で売るために，社名を伏せたのである。

　『レクサス』発売前（1986年）のアメリカ市場では，1,500万台のクルマが販売されていた。そのうち，ラグジュアリー・カーは92万5,000台だった。最も売れていたのはGMの『キャデラック』で30万台以上，その次がフォードの『リンカーン』である。この2車でラグジュアリー・カー市場の55％を占めていた。外国車ではメルセデス・ベンツが9万3,000台，BMWが9万2,000台を売上げた。ただし，この2車の販売合計18万5,000台のうち，3万ドルを超える4ドア・セダンは8万5,000台にとどまっていた。

　それ以外では，ジャガー，アウディ，サーブ，ベントレー，ロールスロイスなどで市場シェアは占められていた。そうした群雄割拠のマーケットに『レクサス』は名乗りを挙げた。それは，アメリカのラグジュアリー・カー市場が「豊饒の地（ランド・オブ・ミルク・アンド・ハニー）」と呼ばれるように「出せば良いモノなら売れる」という高い需要がある市場であるからだった（Dawson 2004／

邦訳 2005)。

　『レクサス』がターゲット層にしたのは，これからのアメリカ社会をリードすると見なされた「ニューリッチ（お金よりクリエイティビティが大事で，仕事を遊びの延長として捉え，気が付いたら億万長者になっていたIT時代の寵児たち）」という新しい階層だった。

　その階層を「ブルジョアジー・ボヘミアン（Bobos：ボボズ）」と名付けたのは，米誌『ザ・ウィークリー・スタンダード』の編集長を務めたデイビッド・ブルックスである（Brooks 2010／邦訳 2002)。ビル・ゲイツやスティーブン・スピルバーグ，スティーブ・ジョブズのように「高度な教育を受けていて，片足は創造性を追求するボヘミアン的世界に置き，もう片足を野心と世俗的成功というブルジョア的領域に置く人々」に，レクサス・バイヤーになってもらおうとしたのだった。

　そうしたターゲティングが明確だった『レクサス』は，発売イヤーの1989年9～12月の間に1万6,233台を売上げ，通年販売の初年となる1990年には6万3,534台を販売した。販促に一役買ったのが『レクサス』購入者が他人にも奨めるというクチコミ（Advocate）の効果であった。1991年，JDパワー・アンド・アソシエーツは，①顧客満足度，②初期品質，③セールス満足度という品質の三冠王にレクサスを選出した。

　これに対して，メルセデス・ベンツは1990年代中頃に製品の改善で反撃した。価格を低く抑えながら，品質を向上させたのである。そうすることで1995年には，輸入ラグジュアリー・カーのトップの座を『レクサス』から奪い返した。『レクサス』は，これにSUV（スポーツ・ユーティリティ・ビークル）などのラインアップの拡大（新型車の連続投入）で応戦し，1998年に再び王座に返り咲き，ラグジュアリー・カー全体でのベストセラーとなった。

　そうした企業間での攻防戦が，その後においても展開されたが，現在の『レクサス』は，やや競合他社と比べて，市場での存在感が薄まっている。最初にメルセデス・ベンツを打ち返した得意技であるラインアップが曖昧になってしまっていることや，ライバル車のように何かに特化したり，専売特許のような売りの部分がなかったり，総じて「キャラ立ち」が不完全なところが，ウィークポイントとして挙げることができる。

例えばBMWは一貫して「究極のドライビングマシン」としてハンドルさばきやエンジン効率で圧倒的な違いを示す。メルセデス・ベンツは乗り心地や贅沢さに重きを置く。ボルボはクラッシュ・テストを繰り返し，耐久性（丈夫で長持ち）をアピールする。ジャガーは唯一無二のスタイリングを強調する。そうした個性（パーソナリティ）の打ち出しが，ラグジュアリー・カーのポジショニング戦略には欠かせないのである。

　カプフェレ教授（INSEEC：フランス経済商科大学）は，ラグジュアリーは夢を売ることであると見なす。つまり，稀少な商品により，特権的な生活を手に入れることをもたらすということである。夢を叶えるという点で，ラグジュアリーはプレミアムと一線を画す。プレミアムは進化であり，それ以前のモデルを退化させ，それに取って替わるだけだが，ラグジュアリーはそうした等級を超越した存在である。

　1つだけ重要な問題は，売上げが伸びることは保有する者が増えることであり，大半の者が持つようになってしまうと，稀少性が無くなってしまうというところにある（Kapferer 2015／邦訳 2017. pp. 17-23.)。これとどう向き合うかが，ラグジュアリー戦略の本質である。

（2）誇示的浪費から誇示的名声へ

　本章の締めくくりとして，ラグジュアリーブランドにまつわる概念である「誇示的浪費」について紹介しておこう。

　文明社会の成り立ちを解き明かしたヴェブレンの古典的名著『有閑階級の理論』で示された「誇示的（衒示的とも訳される）浪費（conspicuous waste）」の概念は，1世紀以上が経った現在でも「見せびらかしの消費（顕示的浪費）」として引き合いに出される耐久性のある論理である。

　ヴェブレンは，選り抜きの良い商品を消費することは，富の証拠であり，尊敬に値するとした。曰く，散財をなす根本的な理由は，優越性や財力の誇示に他ならない，と。逆に，当然の量と質を消費できないのなら，劣等性と欠点を証明することになると説いた。これはデモンストレーション効果の源にもなる見解である。

　下層階級は，上流階級の仲間入りをしたくて，彼らが身に付いているアイテ

52

表3-1　誇示的浪費・精密さ・名声の比較

比較の基盤	誇示的浪費	誇示的精密さ	誇示的名声
シグナルの形	物質の品質	情報，ブランド	認知
見る側の情動	畏敬	魅了	親しみ，羨望
賞賛の言葉	びっくり，たのしい	細やか，しっかりしている	有名な，流行っている
食べ物	フォアグラ	寿司	プライム・リブ・ステーキ
自動車	ハマー	レクサス	BMW
住宅設備	居間，玄関ホール	台所，庭	外壁，郵便番号
都　市	ロサンゼルス	シンガポール	パリ

出所：Miller, G. (2010) *Spent: Sex, Evolution, and Consumer Behavior*, Penguin Books.／片岡宏仁訳 (2017)
　　　『消費資本主義！——見せびらかしの進化心理学』勁草書房，163ページより抜粋引用。

ムに手を伸ばそうとする。上流階級の存在が，下層階級にとっては見本であり，目的となっていたのである。現在でも，ルイ・ヴィトンを買い求めることや，ラグジュアリー・カーに乗りたいと思うことは，この心理が深層に宿っているからである。

　このように捉えると，高価格帯のラグジュアリーブランドを人々が購入するのは，富を誇示して，他者に好印象を与えたいからだと言える。したがって，そのための対価は費用（cost）ではなく，便益（benefit）であると考えたほうが腑に落ちる。ラグジュアリーは単に高いというわけではなく，その精密さ（precision）が信頼性を保証する標示（indicator）となっている。そして，精密なモノを身に付けていることで，名声（reputation）が生まれ出る。

　ミラーは，こうした誇示的浪費・精密さ・名声について，**表3-1**のように分けて，理解を得やすくしている（Miller 2010／邦訳 2017）。

　この表で示されているように，誇示的浪費から精密さ，名声と移るにつれ，消費が物質的なモノから認知的・感覚的なコトへと変わっていく。つまり「消費の脱物質化」が進むのである。

◆エクササイズ

① いくつかのブランドを取り上げ，3つのブランド体系のどれに該当するか考えてみよう。

② ラグジュアリーブランドを1社取り上げ，最近のトピックスにはどのよう

なものがあるか調べてみよう。

③ 日本の社名別輸入車（新規登録台数）の最新のランキングにアクセスして，ど
　のような外車乗用車（車種）が売れているか調べてみよう。

④ 社名について，説明的な名前のものと抽象的な名前のものをいくつか挙げ
　て，その社名の意味を調べてみよう。

〔参考文献〕

アルノー，ベルナール／メサロヴィッチ，イヴ著，杉美春訳（2003）『ブランド帝国LVMHを
　　創った男　ベルナール・アルノー，語る』日経BP社。
インターブランドジャパン編著（2017）『ブランディング 7つの原則【改訂版】——成長企業の
　　世界標準ノウハウ』日本経済新聞出版社。
堺屋太一・東京大学堺屋ゼミ生（2004）『どうして売れるルイ・ヴィトン』講談社。
堺屋太一（2005）『ブランドと百円ショップ——知恵働きの時代』朝日新聞社。
長沢伸也編著（2005）『ヒットを生む経験価値創造——感性を揺さぶるものづくり』日科技連出
　　版社。
長沢伸也編著（2007）『ルイ・ヴィトンの法則——最強のブランド戦略』東洋経済新報社。
長沢伸也編著（2010）『シャネルの戦略——究極のラグジュアリーブランドに見る技術経営』東
　　洋経済新報社。
中村正道（2019）『ブランディング』日本経済新聞出版社。
秦郷次郎（2003）『私的ブランド論——ルイ・ヴィトンと出会って』日本経済新聞社。
マルシャン，ステファヌ著，大西愛子訳（2002）『高級ブランド戦争——ヴィトンとグッチの華
　　麗なる戦い』駿台曜曜社。
三木谷浩史・三木谷良一（2013）『競争力』講談社。
Aaker, D. A. (2005) *Strategic Market Management*, seventh edition, John Wiley & Sons.
Belson, K. and Bremner, B. (2004) *Hello Kitty: The Remarkable Story of Sanrio and the
　　Billion Dollar Feline Phenomenon*, John Wiley & Sons.／酒井泰介訳（2004）『巨額を稼ぎ
　　出すハローキティの生態』東洋経済新報社。
Brooks, D. (2000) *Bobos in Paradise: The New Upper Class and How They Got There*, Simon
　　& Schuster.／セビル楓訳（2002）『アメリカ新上流階級 ボボズ——ニューリッチたちの優
　　雅な生き方』光文社。
Dawson, Ⅲ, C. C. (2004) *LEXUS: The Relentless Pursuit*, John Wiley & Sons (Asia) Pte.／鬼
　　澤忍訳（2005）『レクサス——完璧主義者たちがつくったプレミアムブランド』東洋経済新
　　報社。
Doyle, P. (2002) *Marketing Management and Strategy*, third edition, Prentice Hall.
Duesenberry, J. S. (1949) *Income, Saving, and the Theory of Consumer Behavior*, Harvard
　　University Press.／大熊一郎訳（1955）『所得・貯蓄・消費者行為の理論』巌松堂書店（改
　　訳版 1969）。

Kapferer, J. -N. (2015) *Kapferer on Luxury: How Luxury Brands Can Grow Yet Remain Rare*, Rogan Page.／長沢伸也監訳, 早稲田大学大学院商学研究科長沢研究室訳 (2017)『カプフェレ教授のラグジュアリー論——いかにラグジュアリーブランドが成長しながら稀少であり続けるか』同友館。

Kiley, D. (2004) *Driven: Inside BMW, the Most Admired Car Company in the World*, John Wiley & Sons.／嶋田洋一訳 (2005)『BMW物語——「駆け抜ける歓び」を極めたドライビング・カンパニーの軌跡』アスペクト。

Miller, G. (2010) *Spent: Sex, Evolution, and Consumer Behavior*, Penguin Books.／片岡宏仁訳 (2017)『消費資本主義！——見せびらかしの進化心理学』勁草書房。

Steenkamp, J. -B. (2017) *Global Brand Strategy: World-wise Marketing in the Age of Branding*, Palgrave Macmillan.

Vaid, H. (2003) *Branding*, Watson-Guptill.

Veblen, T. (2007) *The Theory of the Leisure Class (Oxford World's Classics)*, Oxford University Press.／村井章子訳 (2016)『有閑階級の理論［新版］』筑摩書房。

第4章

企業の多角化戦略

▶ヴァージングループを事例として

┌─〈キーワード〉────────────────────
│ 非関連多角化，ゆるい結合の組織，垂直統合，水平的多角化
└────────────────────────────

1　多角化についての予備的事例考察

　本章では多角化を検討する。まず，国内の事例を見ていくことで，多角化の
具体的なイメージをつかんでみよう。

　東京都中央区に浄土真宗本願寺派の寺院の築地本願寺がある。昨今では参拝
者が減少し，寺離れという問題に直面していた。それに対する改革として，ま
ず，月に一度のランチタイムコンサートを無料で鑑賞できるようにした。そし
て，本堂に隣接したカフェを開設し，コンサート前後で来店する導線を作っ
た。銀座のショッピング客も誘い込めるように，スイーツを豊富に用意した。
スイーツ以外にも「18品の朝ごはん」を提供している。「お寺＝精進料理」とい
うイメージ連鎖をしやすい事業の多角化である。

　その成果は，2016年からの３年間で来訪者が約２倍（2019年250万人）という
数字で示された。

　一方で，会員制のカルチャーセンター（銀座サロン）を運営し，太極拳やヨガ，
生け花，終活セミナーなどの講座を開いている。また，お寺に来るのは60〜70
代が主な年齢層であり，30〜40代に向けたコンテンツが無いことから，婚活
サービス（結婚仲介）も行っている。これらはかつて，お寺が地域コミュニ
ティーの中心として，戸籍を管理する役所であった時代に，縁結び（お見合い）
や病院，学校の役割も担っていたことによる。よって，こうした事業はいずれ
も，お寺としての関連多角化（お寺と人との縁をつなぎ，人の役に立てることをなす

もの）として見なすことができる。

　こうした過去に例を見ない大改革は，元銀行マンで50歳の時に僧籍を取得し，僧侶となり，2015年に築地本願寺の宗務長に就任した安永雄彦によるものだった。一般企業と宗教法人は全く一緒であり，一般企業のほうが10〜20年先に進んでおり，それに追いついていく必要があると捉えた。そこで企業のアプローチである顧客主義を採用し，ビジネスの基本である顧客創造とイノベーションを取り入れたのである（安永 2020）。それを象徴しているのが，築地駅直結の合同墓（永代供養：合同区画30万円〜）である。アクセスしやすいので，墓参りへ行く機会を増やすことができる。

　安永雄彦は浄土真宗を開いた親鸞聖人の言葉「生きている　今も　たぶん　死ぬ時も　腹は　すわっていない『それでいいのだよ』（不安でもいい，恐れてもいい，死が怖くてもいいじゃないか）」を座右の銘とする。コロナ禍において，この思想は顕著となり，「宗教者が人の心に寄り添って，心の不安をいぶしたり，慰めたりする姿勢を見せる機会」と見なした。

　その実践が，自宅に居ながら法要や参拝ができるように，本堂での法要をライブ中継する（YouTubeでの無料配信）という新たな試みであった。収入にはならないが，寺の活動を知ってもらう機会につなげた。そして，法要の意味を分かりやすく伝えるため，解説の字幕も付けた。カメラも4台でのスイッチャーを駆使して，客席からの映像だけでなく，仏様や導師，一緒に声明を唱えている人たちの姿も映した（視点の多角化）。特筆すべきは，中継スタッフは全て僧侶が担当したという点である。

　また，鉄道会社は多角化の典型的な例を示す。JRにとって4社目の上場となったJR九州の2015年のデータでは，主軸事業の運輸は全体の売上げのうちの47％のシェアを占めたが，マイナス105億円の営業損失だった。これを補ったのが全体の15％を占める駅ビル（不動産）事業であり，204億円の営業利益を上げた。他に流通が25％を占め，建設とホテルが7％ずつを占めた。このように多角化した事業が他の事業の赤字部分をカバーするのである。

　運輸事業が弱いのは，JR東日本での山手線（コロナ以前では収益の7割近くを占めた）のようなドル箱路線が無く，またJR東海の東海道新幹線（コロナ以前では収益の8割近くを占めた）のように運輸サービスで売上げることができていな

いからである。その起爆剤として期待されるのがクルーズトレイン（周遊型臨時寝台特急）「ななつ星in九州」である。

　また，ユニークな多角化には，ローカル私鉄の銚子電鉄が挙がる。本業は赤字が続いており，副業で販売する『ぬれ煎餅（日本一の醤油の産地である銚子の醤油を使用している）』が収入の約7割を占める。つまり，食品製造販売事業に大きく依存しているのである。これを自ら「電車屋なのに自転車操業」として笑いのネタに変えている（竹本・寺井 2019, p. 6.）。実際，銚子電鉄は信用調査会社に「鉄道会社」ではなく「米菓製造」として登録されているという。

　その頼みの綱である『ぬれ煎餅』も販売不振で赤字となり，さらに国からの補助金も減少し，「このままではまずい」ということから『まずい棒』というスナック菓子を販売した。さらには「線路の石（玉砂利）」を缶詰にしたり，「経営がお先真っ暗」という自虐を込めてサングラスを販売したり，これらは非関連多角化（本業との関連度が無い事業への進出。銚子電鉄の言うところの「なんでもあり」）として捉えられる。

　一方で，『瞬足』で知られるアキレスでは，シューズ事業の売上げは全体の16.3％である（2019年）。アキレスは素材メーカーであり，温度調整するベッド用ウレタンマットレスや台所用スポンジ，ゴムボート，自動車のシート用の合成皮革などを作っている。事業別では壁紙・プラスチックフィルムで47.9％，断熱材・ウレタンで35.8％のシェアを占める。したがって『瞬足』は，こうした素材メーカーがB to C（ビジネス・トゥ・コンシューマ）に向けて製造した関連多角化（使える技術を用いて作った製品によるシューズ市場への進出）となる。

　多角化のバリエーションとしては，ライザップのビジネススタイルを挙げることができる。「結果にコミットする」というダイエットのコンセプトを企業の再建にスライドさせて，経営状況が下り坂にある様々な業種の企業（ジーンズメイト，サンケイリビング新聞社，湘南ベルマーレなど）を買収して，黒字に転換しているのである。これは同社のビジネス・コンセプトで共通点を持つイメージ関連多角化といえる。

　最後に，ロッテについて見てみよう。ロッテはチョコレートなどの製菓やロッテリアを展開しており，千葉ロッテマリーンズを有しているが，韓国でも韓国ロッテジャイアンツを有し，ロッテホテルや百貨店も経営するという非関

連多角化を行っている。

　なぜ韓国かというと，創業者の重光武雄は日本に留学していた韓国人（シン・キョッコ）であり，1948年に日本で創業し，『グリーンガム』などの販売から始めていたが，1970年代に韓国の大統領から母国への投資要請を受けたため，ロッテの事業が韓国でも展開されたというわけである（ハ 2012, 松崎 2020, 柳町 2021）。

　ちなみに社名のロッテは，ゲーテの『若きウェルテルの悩み』のヒロイン，シャルロッテから付けられており，「甘い愛」という意味がある。そしてLOTTEのLには「ラブ」「ライフ」「リバティ」の3つの言葉が重ねられている。

2　戦略論における多角化の種類と理由

　戦略論では，以上のように企業が複数の事業を同時に営み，競争優位を得るために取る行動を「全社戦略（コーポレート・ストラテジー）」と呼ぶ（Barney 2002, p. 368.／邦訳 2003, p. 5.）。この複数の事業を同時に営むということが，多角化（ダイバーシフィケーション）という状態である。この多角化には3種類がある（Barney 2002, pp. 405-406.／邦訳 2003, pp. 62-64.）。

　1つ目は，限定的な多角化（リミテッド・ダイバーシフィケーション）である。自社のリソースを1つの事業の枠を越えては活用しておらず，全社戦略というよりは事業戦略（ビジネス・ストラテジー）の形に近い。例えば永谷園，養命酒，BAKEチーズタルト，レッドブルなどが限定的な多角化に当てはまる。

　2つ目は，関連多角化（リレーテッド・ダイバーシフィケーション）である。これには，同じリソースで別の事業を営む「関連限定型（リレーテッド・コンストレインテッド）」と，異なるリソースで別の事業を営む「関連連鎖型（リレーテッド・リンキッド）」がある。

　関連限定型は主に技術的につながりのある多角化である。ホンダがオートバイのエンジン技術を自動車や航空機に用いたり，富士フイルムが劣化を防ぐ技術を活用して化粧品や液晶テレビの保護フイルム，医療機器分野などに進出していたりするのは，他事業への技術の転用例である。

　関連連鎖型は，既存事業に関連性のあるビジネスに着手したり，関連度の高

い企業をグループ傘下に収めたりするという形での多角化が当てはまる。身近なところでは，飲料メーカー各社の自動販売機は，関連連鎖型のアイコンである。

　伊藤園を見ると，主力商品の『おーいお茶』に関連した商品として紅茶の『TEA's TEA』を販売しており，その他のブランドは買収する形で傘下に入れて，ラインアップを充実している。例えば2006年に『タリーズコーヒー』，2008年に『エビアン』，2011年に『チチヤス』の販売を開始している。そして，提携商品として『ポカリスエット』『不二家ネクター』『ウィルキンソン　タンサン』なども伊藤園の自動販売機で取り扱われている。

　3つ目は，それぞれの事業が全く異なるリソースで営まれている「非関連多角化（アンリレーテッド・ダイバーシフィケーション）」である。楽天やソフトバンク，DeNAが野球球団を保有することが典型的である。これによって，ライバル社（楽天はヤフー，ソフトバンクはNTT docomo，DeNAはグリー）と比べて，スポーツ新聞やテレビのスポーツニュースなどで社名の露出が圧倒的に増えるので，高い宣伝効果を得られる。

　また，プロ野球球団の親会社には特例的な税務上の扱いがなされ，広告宣伝費は非課税となり，赤字経営で本社が損失補填をする場合にも課税対象にはならない。2020年には，これがJリーグの親会社にも認められるようになった。Jリーグではメルカリが鹿島アントラーズ，楽天がヴィッセル神戸，サイバーエージェントがFC町田セルビアを有しているが，同様の理由での非関連多角化といえる。

　このように，企業が多角化を行う理由にはいくつかある。外的なものには，経営環境に事業機会の隙間を見つけて，そこに魅力を感じるからである。内的なものには，自社内で持っているリソースを十分に使い切っていないからである。こうした動機が生じるのは，まだ他のビジネスを行えるほどの余剰のリソースを持ち合わせているためである。冷蔵庫に余った食材があり，何かしらの料理を作ることができる状態に似ている。要するに，同じ技術で違う製品を作ることができたり，同じマーケティングで違う製品を流通することができたりするということである。

　その際にどの事業に進出するかは，多くの場合，その企業の「ドミナント・

ロジック（どの事業にも共通する戦略の思考パターン）」に従うことになる。つまり，主軸事業の経験がトップマネジャーの「頭の中の地図（メンタル・マップ）」「心構え（マインドセット）」「世界観（ワールド・ビュー）」などを創出し，その事業観が次の多角化する先を決めるのである（Prahalad and Bettis 1986, pp. 485-501.）。その点で，企業の事業変遷は，そのマネジャーのドミナント・ロジックを示すものでもある。

　また，その際には十分なキャッシュフローが生み出されていかければならない。既存事業の利益を別の事業運営に回せるほどの資金があることが必要である。これは「ディープ・ポケット（裕福な金持ちの懐：企業の金融能力が高い状態）」と称される。この資金面の理由から多角化は非関連なものにも着手できるというわけである。

　次節にて非関連多角化の事例として取り上げるヴァージングループのファウンダーであり，1999年にナイトの爵位を授与されたリチャ　ド・ブランソンは，インターネットの無い時代では，全社員に自分のプライベートの電話番号を公表し，ビジネスアイデアを募っていた。そうしたアイデアの中から新規ビジネスを始める（あるいは既存ビジネスを改善する）際は，まず自分自身や家族がそのサービスを気に入るかどうかを想像するだけで判断すると語っていた（Branson 2002, p. 506.／邦訳 2003, p. 596.）。

　要するに，面白いこと（ファン）であり，顧客にとって価値のあることであり，競合相手よりも利益が見込める事業への進出がトップマネジャーのドミナント・ロジックであった。そうした論理に沿って，ヴァージングループは非関連多角化に進んでいった。組織的に決定する場合，ヴァージングループの新規事業進出は次の 4 つで決定された（Harrison 2002, pp. 216-217.）。

① 既存のルールに挑戦すること。
② より良い変化を顧客に与えること。
③ もっと面白くなるようにすること。
④ 自己満足している現代社会に疑問を投げかけること。

3　ヴァージングループに見る事業の
　　垂直統合と水平的多角化

(1) ビジネス・エクスプロイヤーであり続ける

　イギリスで非関連多角化を行っている企業が，ヴァージングループである。「ビジネスになるものなら何でもやろう」という精神で，最近では商用宇宙旅行にまで手を拡げている（ヴァージン・ギャラクティック）。これまでにも，そうした大胆な事業（デラデビル・ビジネス）に挑戦してきたのが，ヴァージングループである。そのビジネスの幅が広いので，事業間では関連性の無いものが多い。

　組織構造で見ると，自動車製造での下請け（ピラミッド）制度のように相互依存性が高く，効率性を求める「密接な結合の組織（タイトリー・カップルド・オーガニゼーション）」ではない。その反対の「ゆるい結合の組織（ルーズリー・カップルド・オーガニゼーション）」である。これは，企業の競争優位を得るための方法が2種類あることを示している。

　1つは，密接な結合の組織（もしくは大企業）が取り組みやすいもので，いま有している優位性を深めることである。つまり，すでに行っていることをより良く行う「活用型（エクスプロイター）」である。

　もう1つは，ゆるい結合の組織（もしくはベンチャー）が追い求めやすいもので，新しい優位性を探すことである。つまり，いま行っていることとは違うことを行う「探索型（エクスプロイヤー）」である（Saloner, Shepard and Podolny 2001, p. 103.／邦訳 2002, p. 126.)。

　現在では，この2つを同時に行う（二兎を追う）ことができる「両利きの経営」(O'Relly Ⅲ and Tushman 2016／邦訳 2019) が唱えられるが，ヴァージングループはスタートアップの鮮度を保つ「探索型（エクスプロイヤー）」であり続けた。初期の頃は，会社が100人規模になるごとに分割して，大企業病に陥らないようにしていた。「大きな組織の副社長よりも小さい企業の社長」のほうが，ビジネス・チャレンジャーでいられるからである。当時，リチャード・ブランソンは「好きなように事に当たりなさい。もしあなたの仕事と趣味が同じならば，やる気が出るだろうから，長時間でも働くことができるだろう」と語っていた

(Dess 2002, p. 398.)。

　また，ヴァージングループでは年に一度，スタッフ全員が集うパーティを開いていた。その際，約7万人のスタッフがいたので，パーティは6日間に分けて行われた。その間，できる限りリチャード・ブランソンは参加者と握手を交わした (Smith and Wheeler 2002, p. 176.)。こうした「パーソナル・タッチ」によって，リーダーとフォロワーの間に信頼関係が生まれ，それぞれのビジネスの現場に熱量がこもるのである。

　これはまた，リチャード・ブランソンが，トム・クルーズやスティーブン・スピルバーグのように，識字障害 (dyslexia：ディスレクシア) があったことにもよる。相手との契約には署名は要らず，目を見て握手をすれば分かるというのが持論だった。

（2）音楽事業での垂直統合

　ここでは，ヴァージングループが最初に参入したビジネス (オリジナル・インダストリー) である音楽事業について見てみよう。

　1970年，イギリスの若者たちは，ザ・ビートルズ，ローリング・ストーンズ，ザ・フー，ボブ・ディランといったアーチストのアルバム・レコードを購入して聴くことに，お金と時間を費やしていた。1970年代にはレッド・ツェッペリン，クイーン，デヴィッド・ボウイ，Tレックス，ディープ・パープルなど，いわゆるUKロックが花盛りの時代で，音楽が若者文化の中心にあった。

　このときには，政府が小売価格維持契約を廃止しており，レコードのディスカウント販売が可能であった。だが，どの店舗も安売りをしていなかったので，そこにリチャード・ブランソンは事業機会を見つけた。

　1968年から彼は『スチューデント』という若者向けの雑誌を発行しており，ミック・ジャガーやジョン・レノンの取材記事などを載せていた。ここに，メール・オーダーでのレコードの低価格販売の広告を出した。この事業を「ヴァージン (ビジネス初心者)」と名付けたのだった。

　申し込み時に代金を支払ってもらい，それを元手にレコードを仕入れる仕組みをとった。多くの注文があったため，仕入れ先と郵送方法を場当たり的な対応にするのではなく，決まった手順で行えるように組織化した。だが，全ての

63

レコードを大幅に割り引いて販売していたので，必要経費を差し引くと，たちまち赤字になった。管理会計ができていなかったので，レコードが届いていないと嘘をつく購入者がいても，それを信じて再発送に応じていた。この当時を彼は「売上げは増える。しかし利益は重要だ」と述懐する。

　このビジネスを行いながら，1971年にはオックスフォード通りに「ヴァージン・レコード・ショップ」を開店した。当時のレコード店は地下にあり，店員の対応も良くなかったが，そのイメージを一掃するような店舗作りがなされた。視聴ができ，音楽雑誌が自由に読め，コーヒーも無料で提供された。現在でいうところの「サードプレイス」を創出したのである，リチャード・ブランソンは「レコード店は，趣味を決定するところ（アービタ・オブ・テイスト）」と見なしていた。

　一方の「ヴァージン・メール・オーダー・レコード」は，買い付けが難しい稀少な（マニアックな）レコードへの注文が多くなっていたので，見切りをつけ始めており，レコードショップの出店のほうに注力した。品揃えを売りにして，アメリカからの直輸入も行った。目利きを活かした仕入れをし，イギリスの大型レコード店（WHスミス，ジョン・メンジス）では取り扱われていないアーチストの作品を大量に販売することで，差別化を図ったのである。

　1972年には，音楽の生産活動となるレコーディング・スタジオをシプトン・オン・チャーウェルという村（オックスフォード北）にあるマナーハウス（庄園領主の館）に開設した。最高の機材を揃え，アーチストが腰を据えて，自身のコンディションとテンションに合わせて録音ができる環境を提供したのだった。

　1973年では，自社レーベルを創設した。これにより，レコード制作と流通は「ヴァージン・ミュージック」が行い，レコード販売は「ヴァージン・レコード・ショップ」が担うことになった。つまり，音楽事業の生産・流通・販売（川上・川中・川下）全ての活動で収益を自ら得る仕組みを整えたのである。

　このレーベルから最初に販売されたのは，マイク・オールドフィールドの『チューブラー・ベルズ』だった。映画『エクソシスト』のサウンド・トラックにもなったことで，大ヒットした。この売れ行きにレコードプレスと物流がまだ対応しきれなかったため，アイランド・レコードにそれを委託した。

　その際には「プレッシング・アンド・ディストリビューション（P&D）」とい

う契約を結んだことで，レコードの販売権だけはヴァージン・ミュージックの手元にあった。したがって，レコードが売れれば売れるほど，利益を手にすることができた。現在でも，このCD（日本版）の帯には「すべてはここから始まった……記念すべきヴァージン・レコード第1弾作品で1千万枚を超えるベスト・セラー・アルバム」と記されている。

　ヴァージン・ミュージックは，このアルバムで得た資金で様々なアーチスト（セックス・ピストルズ，カルチャークラブ，フィル・コリンズなど）の契約を結び，「スマート・レコード・レーベル（カッコいいレコード会社）」というイメージを創出し，フランスを始めとして国外でも販売していった。

（3）航空事業への水平的多角化

　1つの事業以外の分野で活動を行うこと（多角化）は，その事業の売上げが落ち込んでも，他の事業の利益で補うことができると既述した。事業不振のリスクを分散していることで，一種の保険が利くのである。これを示す言葉に「卵は1つの籠に盛るな（Don't put all your eggs in one basket.）」というものがある。

　また，複数の事業を展開することで，その分，名前が露出されるので，格好の宣伝になるとも既述した。ヴァージングループの場合も音楽事業の後には，映画・テレビの配給などを行う「ヴァージン・ビジョン」や，ゲームのソフトウェアを発売する「ヴァージン・ゲーム」を立ち上げた（1983年。これらは後に「ヴァージン・コミュニケーション」にまとめられた）。

　このように事業を増やしていくことは，水平的多角化と呼ばれる。そして，その次の水平的多角化は，非関連多角化となる航空事業への進出であった。きっかけは1978年，休暇中のリチャード・ブランソンがプエルトリコに向かうフライトが欠航になった際に，チャーター機を1機2,000ドルで確保したことにある。その値段を座席数で割り，"VIRGIN AIRWAYS: $39 SINGLE FLIGHT TO PUERTO RICO." と黒板に書き，空港内を歩き回って，全席を埋めたのだった。

　この時の経験が忘れられず，面白かったこと（ファン）が，1984年，ロンドンーニューヨーク間を往来する「ヴァージン・アトランティック航空（以下VAと称す）」の誕生につながった。航路はロンドンからマイアミ（1986年），ボストン

（1987年），東京（1989年），ロサンゼルス（1990年）と着実に拡げていった。

　VAは，売りどころを現在のLCC（ローコスト・キャリア）のような特価運賃（カットプライス）に置いた。それに加えて，メインユーザーのビジネスマンに支持されたのは，エコノミー全席のシートバックに，自由に操作のできるビデオ・スクリーンを付けた点だった。これは航空会社の中でVAが先駆けて提供したものであり，戦略論者のグラント教授（ジョージタウン大学）は，これを「より上等で革新的なサービスでもてなした」と捉える（Grant 2003, p. 297.）。

　また，遊び心もあった。機内食の際に渡される塩と胡椒の瓶のデザインが良いので，持ち帰る乗客が多かった。すると，その容器の底には「VAからくすね取った」という刻印があるのであった。

（4）地理的拡散としての日本市場への進出

　ヴァージングループは航空事業を始めたことで，取り組んでいるビジネスを整理した。そして主要な事業を音楽（ミュージック）・小売り（リテール）・映像（プロパリティ）の3部門に分け，1986年に株式公開を行い，さらなる多角化で必要となる軍資金を集めた。このときには「ロック・マーケット（音楽市場）からストック・マーケット（株式市場）への進出」とも言われた（現在は非上場企業に戻っている）。

　ただし，航空事業だけはナイトクラブや旅行事業（ヴァージン・ホリデイズ）などとまとめて「ボイジャー・グループ」という非上場の企業とした。VAだけは株主の意見を受けずに，自分の思うように育てようとしたのである。

　株式上場で得た資金は，まずアメリカへのレコードショップ出店に用いられた（1987年）。また，小売りは競合他社（HMV，アワープライスなど）も多く，それまでに赤字続きであったが，顧客データを取得するためには必要な場所であるので，止めるわけにはいかなかった。そこで下した戦略は，小型店をWHスミスに売却し，大型店（メガストア）だけにしぼるというものだった。

　そして，海外展開では主要4部門（航空・音楽・小売り・コミュニケーション）の日本市場への進出がなされた（1989年）。このように活動する国を拡げることは「地理的拡散」と呼ばれる。進出に際しては，VAは西武セゾン・グループ，ヴァージン・ミュージックはフジサンケイ・グループ，ヴァージン・メガスト

アは丸井，ヴァージン・コミュニケーションはセガと提携した。

　1990年，新宿丸井にできた「ヴァージン・メガストア・ジャパン」は，当時の日本最大級のレコード店となり，旗艦店（フラッグシップ・ストア）となった。そこで人が滞在する時間は平均40分間といわれたほど，人気の場所であった。

　1990年は，イラクがクウェートに侵攻し，その後，湾岸戦争が勃発したため，原油価格が急騰した年でもあった。航空事業にとっては燃料コストの上昇という影響を受け，乗客数の冷え込みも事業不振を後押しした。このとき，航空事業以外は好調であった。ヴァージン・コミュニケーションは，セガ製品の売上げが良く，レコードも英米のヒットチャートにランクインしていた。当時，リチャード・ブランソンも「グローバル・エンターテインメント・カンパニーになりつつある」ことを自認していた (Bower 2001, p. 60.)。

(5) オリジナル・インダストリーの売却

　航空事業に転機が訪れたのは1991年のときであった。ブリティッシュ・エアウェイズとの競合関係で営業がままならなかったヒースロー空港での発着が可能になったのである。その年，音楽事業でも転機があり，ジャネット・ジャクソンがヴァージン・ミュージックとの契約をオファーしてきたのである。願ってもないことであったが，彼女に支払う高額な契約金をすぐに用意できなかった。

　そこでなされたのが，事業の売却による資金調達である。セガのコンピュータ・ゲームのヨーロッパでの販売権をセガ本社に売り払い，それで契約金を賄ったのである。その後のコンピュータ・ゲーム市場の失速を見ると，この売却は時機を捉えたものであった。

　また，これからも一番力を入れていきたい航空事業への投資も同時期に必要な問題だった。そこで，そのときに自社で最も利益を生み出している稼ぎ頭のヴァージン・ミュージック（3億3,000万ポンドの売上げ，2,100万ポンドの利益があり，ローリング・ストーンズとの契約を控えていたので翌年には4億ポンドの売上げ，7,500万ポンドの利益を見込んでいた）をソーンEMIに5億6,000万ポンド（10億ドル）で売却し，それで得た資金を航空事業に充てた。日本での提携相手だったフジサンケイ・グループには1億2,750万ポンドが支払われた（1992年）。

ここでのポイントは，ヴァージングループで唯一の黒字経営だった音楽事業が，資金繰りに悩んでいた航空事業を救ったということである。こうした売却の決断に至ったのは，ローリング・ストーンズと契約したことが，音楽事業での頂点に来たとリチャード・ブランソンが感じていたからでもあった。

　このように事業を売却する方式は「ビルド・アンド・セル（築いた事業を高値の時に売る）」といわれる。代表的なものには，YouTubeが創設1年半でGoogleに14億ドルで売却したことや，Instagramが創設3年でFacebookに10億ドルで売却したことが挙がる。

　東芝が2015年から2016年にかけて明るみになった，歴代3社長からのプレッシャーによる粉飾決算（不適切会計）や，ウエスチングハウス（WH）買収に伴う約7,000億円の巨額損失といった問題から経営再建が必要となったため，稼ぎ頭である半導体メモリを米韓日企業連合（ベインキャピタル，ウエスタンデジタル，SKハイニックス，産業革新機構，日本政策投資銀行）に約2兆3億円で売却したことも，ビルド・アンド・セルである。東芝は同時期にPC事業をシャープに約40億円で，白物家電事業を中国の美的集団に約537億円で，医療機器子会社（東芝メディカルシステムズ）をキヤノンに約6,655億円で売却するという事業の切り売りを連発する形で資金繰りを行った。

（6）非関連多角化でのブランディング問題

　以上に見てきたヴァージングループの事例が示唆するものについて，本章の最後に考えておこう。現在もヴァージングループは多種多様な事業を営んでいて，いずれの事業にも「ヴァージン」というブランドネームを付けている。これは「アンブレラ・ブランディング」と呼ばれる手法である。これには，それぞれの製品やサービスのクオリティを保証することと，それを力強く顧客に訴えかける効果がある（Collis and Montgomery 1998, p. 65.／邦訳 2004, p. 109.）。

　ヴァージングループの拡げたブランドの傘の下に，どれだけの人が入り，留まるか。言い換えると，どれだけの人がヴァージンの製品やサービスに喜んで支払うか（WTP：ウィリングネス・トゥ・ペイ）が，ヴァージンブランドの程度を決定する。

　その際に注意しなければならないのが「ブランド・ストレッチ（ブランド拡

張)」という，ブランドの展開の問題である。ヴァージングループの場合，このストレッチが顧客本位ではなく，企業本位になっていて「自己中心的な拡張」になっている (Taylor 2004／邦訳 2004, p. 14.)。これはブランド戦略開発コンサルタントのテイラーの表現であるが賛同できる。

　テイラーは，多岐にわたるヴァージンの事業は「価値を追求する，大胆不敵で陽気なファイター」という共通の「アンブレラ・コンセプト」で展開してきたという。VA は，その象徴的なビジネスである。だが，ヴァージン・コーラをコカ・コーラに代替する飲料として定着させることまではできなかったし，ヴァージン・ジーンズをリーバイスの代替として履かせることもできなかった。要するに，傘のキャパシティにも限界があることを知らなければならないと指摘する (Taylor 2004／邦訳 2004, pp. 23-27.)。

　テイラーは，こうしたヴァージンブランドの特質を『ファンタジア』(1940) でミッキーマウスが掃除を楽に済ませようとして，箒の数を増やしたことに似ていると見なす (Taylor 2004／邦訳 2004, p. 184.)。つまり，楽になるどころか，それぞれの箒が勝手に動き出し，かえってまとまりが悪くなってしまったのである。

　これに似た現象がヴァージングループにも生じており，これだけのブランディングを図っているのに，未だに「ベスト・グローバルブランズ」にランクインしていない理由になっている。まとめると，ヴァージンのブランド・ストレッチでの問題点には次の 3 点が挙がる (Taylor 2004／邦訳 2004, pp. 27-30.)。

① コア・コンピタンス (自社が何屋であるのか) を見失いつつある。
② 航空や金融の業界で価格に見合ったサービスをできていない企業に対して挑戦していったことが，ヴァージンが支持された理由であることを忘れてしまっている。
③ コカ・コーラやリーバイスに宿っている感情的・精神的価値は，ヴァージンの代替品が安いからといって，簡単には乗り換えられないものである。つまり，市場競争や顧客の真の意味を理解できないでいる。

ヴァージングループの原点 (オリジナル・インダストリー) は音楽事業である。

それを売却した時点から，ブランドの傘の真ん中に穴が開き，軸がブレてしまい，傘に人々を入れども，水漏れのため，すぐに立ち去ってしまう。すなわちブランド認知が容易に進まない状態となっていると見なすことができる。例えば，本章冒頭で挙げた銚子電鉄がいくら赤字経営でも鉄道事業を切り離し，本当に米菓製造業になったら，どのようなブランド認知になるであろうか。

　『ビジョナリーカンパニー』では「基本理念から離れず，進歩を促す」ということが，企業が永続するための鍵であると唱えられる（Collins and Porras 1994／邦訳 1995）。様々なジャンルのビジネスに挑戦するという進歩はなされてよいが，その前提には，そもそも何を行う企業であるのかという錨（ブランド・アンカー）をしっかりとおろして，基軸を明確に定めておかなければ，進歩は顧客には受入れられないというわけである。

　しかしながら，そうしたブランディングの成果よりも，リチャード・ブランソンの旺盛な企業家精神が先んじて，1つの事業で得た利益で新しい事業を展開し続けてきた。そうした彼をリーダーとして，7万人以上を抱えるヴァージングループが，そのフォロワーとして大企業病とは無縁に，楽しんでビジネスを営んでいる状態は，これまでのグローバルビジネス論の枠組みでは測りきれない全く新しいタイプの企業の在り方を示している。

　ヴァージン・ギャラクティックでの宇宙旅行や，ヴァージン・オービットでの火星探査は，限られた企業しか着手できない夢とロマンあふれるビジネスである。

　リチャード・ブランソンの2冊の自叙伝（Branson 2002, 2017）のタイトルには，いずれも「ヴァージニティ（新鮮であること）」が含まれており，また，別の著書では「スクリュー・イット，レッツ・ドゥ・イット（かまうもんか，やってしまおう）」と題されている。この2つのキーワードが唯一無二のビジネススタンスをとっているヴァージングループというエクスプロイヤー型企業の求心力になっている。

◆エクササイズ

① 本章で取り上げられた事例以外で，関連限定型の多角化を行っている企業には，どのようなところがあるか調べてみよう。

② 本章で取り上げられた事例以外で，非関連多角化を行っている企業には，どのようなところがあるか調べてみよう。

③ ヴァージングループの音楽事業のように，事業を垂直統合で行っている企業には，どのようなところがあるか調べてみよう。

④ 自身の関心のある業界で，これまでにどのような事業の売却（会社の買収）がなされてきたか調べてみよう。

〔参考文献〕

竹本勝紀・寺井広樹（2019）『崖っぷち銚子電鉄──なんでもありの生存戦略』イカロス出版。

ハ・ジヘ，ハ・ジョンギ訳（2012）『ロッテ──際限なき成長の秘密』実業之日本社。

松崎隆司（2020）『ロッテを創った男　重光武雄論』ダイヤモンド社。

安永雄彦（2020）『築地本願寺の経営学──ビジネスマン僧侶にまなぶ常識を超えるマーケティング』東洋経済新報社。

柳町功（2021）『ロッテ創業者　重光武雄の経営──国境を越えたイノベーター』日経BP社。

Barney, J. (2002) *Gaining and Sustaining Competitive Advantage*, second edition, Prentice Hall.／岡田正大訳（2003）『企業戦略論（下）全社戦略編──競争優位の構築と持続』ダイヤモンド社。

Bower, T. (2001) *Branson*, Fourth Estate.

Branson, R. (2002) *Losing My Virginity: The Autobiography*, The must-read updated edition, Virgin Books.／植山周一郎訳（2003）『増補版　ヴァージン──僕は世界を変えていく』TBSブリタニカ。

Branson, R. (2006) *Screw It, Let's Do It: Lessons in Life*, Virgin Books.／嘉山由美子訳（2006）『やればできる──人生のレッスン』トランスワールドジャパン。

Branson, R. (2009) *Business Stripped Bare: Adventures of a Global Entrepreneur*, Virgin Books.／植山周一郎・宮本喜一訳（2009）『ヴァージン流──世界を変える非常識な仕事術』エクスナレッジ。

Branson, R. (2010) *Screw It, Let's Do It*, expanded edition, Random House.／中村起子訳（2008）『僕たちに不可能はない〔初版訳〕』インデックス・コミュニケーションズ。

Branson, R. (2013) *Like a Virgin: Secrets They Won't Teach You at Business School*, Virgin Books.／土方奈美訳（2013）『ライク・ア・ヴァージン──ビジネススクールでは教えてくれない成功哲学』日経BP社。

Branson, R. (2014) *The Virgin Way: Everything I Know About Leadership*, Portfolio.／三木俊哉訳（2015）『ヴァージン・ウェイ──R・ブランソンのリーダーシップを磨く教室』日経BP社。

Branson, R. (2017) *Finding My Virginity: The New Autobiography*, Virgin Books.

Collins, J. C. and Porras, J. I. (1994) *Build to Last: Successful Habits of Visionary Companies*, Harper Business.／山岡洋一訳（1995）『ビジョナリーカンパニー　時代を超える生存の法

則』日経BP出版センター。

Collis, D. J. and Montgomery, C. A. (1998) *Corporate Strategy: A Resource-Based Approach*, Irwin/McGraw-Hill.／根来龍之・蛭田啓・久保亮一訳 (2004)『資源ベースの経営戦略論』東洋経済新報社。

Dearlove, D. (2008) *Business the Richard Branson Way: 10 Secrets of the World's Richest Business Leader*, third edition, Winsome Book India.／山岡洋一・高遠裕子訳 (2000)『リチャード・ブランソン　勝者の法則——意思決定を速く，行動はもっと速く起こせ［初版訳］』PHP研究所。

Dess, L. (2002) *Strategic Management: Creating Competitive Advantages*, McGrow-Hill Education.

Grant, R. M. (2003) "Richard Branson and the Virgin Group of Companies in 2002," edited by Grant, R. M. and Neupert, K. E., *Cases in Contemporary Strategy Analysis*, third edition, Blackwell.

Harrison, J. S. (2002) *Strategic Management of Resources and Relationship: Concepts and Cases*, John Wiley & Sons.

Jackson, T. (1994) *Virgin King: Inside Richard Branson's Business Empire*, HarperCollins.／守部信之訳 (1996)『ヴァージン・キング——総帥ブランソンのビジネス帝王学』徳間書店。

O'Relly Ⅲ, C. A. and Tushman, M. L. (2016) *Lead and Disrupt: How to Solve the Innovator's Dilemma*, Stanford Business Books.／入山章栄監訳，渡部典子訳 (2019)『両利きの経営——「二兎を追う」戦略が未来を切り拓く』東洋経済新報社。

Prahalad, C. K. and Bettis, R. A. (1986) "The Dominant Logic: A New Linkage between Diversity and Performance," *Strategic Management Journal*, vol. 7, no. 6.

Saloner, G., Shepard, A. and Podolny, J. (2001) *Strategic Management*, John Wiley & Sons.／石倉洋子訳 (2002)『戦略経営論』東洋経済新報社。

Smith, S. and Wheeler, J. (2002) *Managing the Customer Experience: Turning Customers into Advocates*, Prentice Hall.

Taylor, D. (2004) *Brand Stretch: Why 1 in 2 Extensions Fail, and How to Beat the Odds*, Wiley.／グロービス・マネジメント・インスティテュート訳 (2004)『ブランド・ストレッチ——6つのステップで高めるブランド価値』英治出版。

第5章

世界三大市場に挑戦する企業の戦略

〈キーワード〉────────────────
インターナショナル・モビリティ，コピーキャット，ファストファッション，
カテゴリー・キラー
────────────────────────

1　企業が海外に進出する３つの理由

　グローバルビジネス論では，企業が海外に進出する動機は主に３つあると捉えられる (Bartlett, Ghoshal and Birkinshaw 1995, p. 4.／邦訳 1998, pp. 8-9.)。

① 低コストでの生産を実現しようとする意欲 (デザイア・トゥ・アクセス・ローコスト・ファクターズ・オブ・プロダクション)：総コストの中で労働費が大きな部分を占める場合，効率性を求めて，より労働コストが安い国への工場を立てて，部品や完成品の生産活動を始める。
② 重要な天然資源の供給先を確保したいという欲求 (ニード・トゥ・セキュア・キー・サプライヤー)：タイヤメーカーならゴム栽培農園を開きたい，石油会社なら新しい油田を開発したいという願望から，より良いリソースを海外で探す。
③ 市場を開拓しようとする行動 (マーケット・シーキング・ビヘイビア)：自社の技術やブランドに競争上の優位があると見なす場合，海外市場への拡大を試みる。

　FDI (Foreign Direct Investment：海外直接投資) も，これに対応する形で，①低コスト実現 (エフィシエンシー・シーキング)，②資源獲得 (リソース・シーキン

グ），③成長市場追求（マーケット・シーキング），という３つの目的別に分かれてなされる（Ghauri and Buckley 2002, p. 17.）。垂直統合で捉えると，①と②が川上（生産），③が川下（販売）への進出となる。

　これらは内的な理由であるが，外的な理由として，リスク回避や競争相手への対抗からも海外進出がなされる。このような理由から企業が国境を越えてリソースを移転するのは，現代多国籍企業の特質であるとされる。これは「インターナショナル・モビリティ」と呼ばれ，この移動可能性から競争優位を追求できる（Roach 2005, p. 30.）。

　企業のこの特質が，本書第１章で見たようにグローバルビジネスの達成をもたらすこともあれば，途上国での搾取労働という壊れ窓の問題を引き起こすこともある。あるいは本書第２章で見たようにサムスン電子が競争優位の先にある決定的優位を形成することも後押しする。また，本書第３章で取り上げたようにラグジュアリーブランドに販売機会を与えるし，本書第４章で捉えたヴァージングループの新規事業進出の機会も与える。

　現状ではグローバルビジネスの定義（世界三大市場でまんべんなく売上げること）に当てはまらなくとも，①ダイナミックであり，②複雑であり，③乱気流の中にあるという環境下で（Stonehouse, Campbell, Hamill and Purdie 2004, p. 140.），各市場を制していこうとするには，相当の力量が必要となる。

　例えばフォルクスワーゲンは，前章で述べたように日本でも人気のある輸入車ブランドである。「ベスト・グローバルブランズ」の推移も2010年では97位だったが，2020年では47位まで順位を高めている。

　しかし，アメリカ市場では1970年の56万9,696台を頂点として，その後において販売台数は減少した。1974年では1970年より28％売上げを落とした。それ以降，販売数は浮き沈みしたが，1970年のピークを超えることは無く，2004年では25万6,111台の売上げに留まった。

　その理由に，1970年代から日本車が売れ始めたことがある。アメリカでのフォルクスワーゲンの売上げの３分の１は『ビートル』で占めていた。「スモール・シンク」コンセプトは自己表現のツールとして受け入れられた。だが，その代名詞をコンパクトでシンプルな日本車に取って替わられたのである。フォルクスワーゲンの経営陣の英語力が乏しく，アメリカ市場展開が困難だったこ

とも理由として挙がる。

　一方で，フォルクスワーゲンは中国市場には最も早く参入し，1984年には上海汽車と合弁で『サンタナ』を製造し，中国の乗用車市場を切り開いた。『サンタナ』は中国で最も売れた車種となっている。同じくドイツ企業のアディダスも，アメリカではナイキの存在感が強いため，2005年にリーボックを傘下に収めるなど，対抗策を採っている。そして中国市場では積極的な出店をし，自社店舗が目立つような「アイ・キャッチング・プロモーション」を仕掛けている。

　また，マクドナルドは本書第1章で見たように，全体の売上げのうち，アジア市場での比率がまだ低いため，2006年から中国でシノペック（中国石油化工業集団）と契約を結び，中国全土に3万あるガス・ステーションにマクドナルドのドライブスルーを1年に500ずつのペースで併設していった。

　これらはいずれもインターナショナル・モビリティとして捉えられる。本章では，この点に着目して，世界三大市場での販売に果敢に取り組んでいる企業の実像に迫ってみよう。

2　海外進出における直面する競合相手との戦い

　ここでは，海外進出において企業が直面するものについて，ザ・ボディショップの事例から捉える。同社は天然物由来の素材を使用したスキンケアおよびヘアケア商品を販売しており，日本市場にはイオンフォレストがFC事業として1990年，表参道（渋谷区神宮前）に初出店した（2020年，ザ・ボディショップがイオンフォレストを子会社化し，ザ・ボディショップジャパンとなった）。

　本社は2006年，フランスのロレアルに6億5,200万ポンド（約1,300億円）で買収されたが，同じコンセプトの製品競争（LUSHなど）が激化したため，マルチチャネルの見直しがなされ，2017年にはブラジルトップのビューティー企業であるナチュラ・コスメティコスに売却された。

　その額は未公表だが，売却当時のザ・ボディショップの時価総額は10億ユーロ（1,240億円）であった。ナチュラ・コスメティコスとザ・ボディショップは，ともに自然派化粧品を製造し，環境保護に重点を置くところで共通している。

　ザ・ボディショップは，アニータ・ロディックが1976年にイギリスのブライ

トンに創業した。「ビジネスを社会変革の力に」を理念に掲げて，地球環境保護という理想主義と企業運営の両立（プロフィッツ・ウィズ・プリンシパルズ）をめざし，それを自社製品で示してきた（Roddick 1991／邦訳 1992）。現在，彼女への評価は「ユニークなビジネスのアプローチをなした」「うまくやるよりよいことをしようとした」など，肯定的なものばかりである。

　創業時から，華美な包装で飾り付けるようなドレスアップはしないで，商品の中身で勝負する「ドレスダウン商品」が心がけられた。例えば，容器は尿検査用のボトルの余りをもらい，それを使用した。そして，空きボトルに詰め替える形式にした。現在では通常の方法だが，当時は，ボトルを仕入れる資金が無かったことによる。

　また，会社のイメージカラーは緑色である。これも環境に訴えかける配色と見なされるが，最初に借りた店舗の壁が汚れていたため，色を塗ろうとしてペンキ屋に行った際に，最も安い色が緑色だったからである。

　こうしたところには，アニータ・ロディックの「起業はサバイバルの術。生き残ろうとするから創造的な思考が生まれる。ビジネスはお金の学問ではない。買って，売る。それが全て」というビジネス観が横たわっている。

　米誌『アントルプルヌール』によると，スタートアップ企業の半数は3年以内に消えていくとされる。それゆえ，サバイバルするには相当の企業家精神とサープラス（余剰価値）をどのように生むかという冴えたアイデアが求められる。

　もともと，アントルプルヌールという言葉は，ヨーロッパで「リスクを覚悟して何かをある価格で購入し，それより高い価格で売ろうとする人」を意味した。ザ・ボディショップは，この企業家精神を貫くため，次のような経営をなし，アメリカ市場では独自のリアクションをとった。

　1978年，ザ・ボディショップは初の海外店舗をベルギーに構えた。当初のFCではオーナーは全て女性とした。一般に男性は経済理論に基づき，科学的に損益を考える傾向にあるが，女性は人の扱いやケアがより丁寧で，情熱的に仕事を考えるので，女性に任せたのだった（Roddick 2001／邦訳 2006）。現在でいうウーマノミクス（女性の能力活用）が実践されていたのである。

　1980年代での成長は目覚ましく，売上高と利益は年に平均50％で伸びた。1984年では138店舗中87店舗が国外だった。1988年にはアメリカに初出店し

た。ニューヨークに直営店を出した後，利益が出たので1990年からFC展開した。世界で1,000店舗に達したのは1993年のことであった。その年，アメリカ市場での売上げは前年より47％増の4,460万ドル，利益も同63％増の190万ドルと好調だった（Almaney 2004, pp. 176-189.）。

だが１年後には，アメリカでの販売が急に失速してしまった。同じような倫理観（動物実験に反対することなど）を持たずに，新商品を矢継ぎ早に市場に投入する企業が増え，競争が激しくなったのである。アメリカのFC経営者からは，倫理観が足かせになっていると指摘された。

これに対して，アニータ・ロディックは「競合相手の顔色ばかりをうかがい，創造性を欠いている。創造性こそ，私たちを際立たせるものだ」「製品開発は進んでいるが，人材開発はどうか」「新商品のアイデアはあるが，マーケティングで差別化を図ることができているか」といった問いかけを返すことで，アメリカ市場での再活性化を促した。

しかし，その後においてもアメリカ市場では赤字経営が続き，当時のアニュアルレポートでは，ゴードン・ロディック会長は「私たちに最大級の挑戦をさせ続けるアメリカは，世界の中でも手ごわい市場の１つだ」と語っていた（The Body Shop International 1996, p. 1.）。

ザ・ボディショップは「ケアリング・コスメティック」「スペシャリティ・バス・プロダクト」というコンセプトを武器に，新規市場を切り開いていった。だが，アメリカ市場ではそれまでに経験したことの無い激烈な競争や高コストの立地に直面した。ペンシルバニア州においては，直接の競合店が８社も存在した（Fogarty, Vincelette and Wheelen 2002, Case7）。

要するに，ザ・ボディショップ進出以後で，類似店（ナチュラル志向，フルーティ・トイレタリー，安価販売）が多く登場したのである。これはコピーキャット（模倣）という手法であり，ザ・ボディショップはアメリカ市場で初めて出くわした。

他にも，①原材料の動物実験に反対するが，アメリカでは市場に出回っている原材料の半分は動物実験をしていて使用できなかったので，製品供給の手立てが無かった，②バーゲンセールを行ったことがないのに，アメリカではディスカウント販売や，おまけ付き商品（商品に無料提供品を付けて売ること）を期待

された，③広告をしないのに，宣伝広告の聖地・アメリカではそれをしない限り，市場拡大が困難だった，といったことに直面した。

このようなアメリカ市場に対して，ザ・ボディショップは社会的活動を行うという別のアプローチからの歩み寄りを試みた。つまり，コミュニティ活動を通じて，ローカルに根差すことをめざしたのである。

グローバルビジネス論では，市場に競争者がいる場合の戦略には2通りあるとされる（Bartlett and Ghoshal 2003, pp. 85-88.）。1つは，サムスン電子のように，他社の良いところを学んで応用したり，他社を回避したりすること（ベンチマーキング・アンド・サイドステップ）である。もう1つは，競争相手から逃げずに自ら競争の仕方を変えていき，新しいビジネスモデルを築いていくこと（コンフロント・アンド・チャレンジ）である。ザ・ボディショップは後者の戦い方を選んだ。

同社は，グラスゴーで貧困にあえぐコミュニティに手を差し伸べる活動を行っていたので，それをアメリカでも展開した。彼らの生活を向上させるための支援を地道になしながら，その地域に受け入れられていこうとしたのだった。

そこには，①優しさに立ち返ること，②CEOへの巨額な報酬など，あくどいものを排除すること，というアニータ・ロディックのビジネス観が宿っていた。①については，ゲリラ・マーケティング（注意をひくために従来とは違う低コスト戦略を用いること）を実行した。例えば搬送用トラックのボディに，行方不明者の情報を顔写真とともに描き，ヘルプラインの電話番号（フリーコール）も記載したところ，多数のコールがあり，数名が発見された。②については，自分が死んだら，それまでに稼いだ全ての財産は1ペンス残らず，人権活動家たちに譲ると，子どもたちに言い残していた。

2007年，彼女が他界した後に公開された遺言は，その通りのものであった。5,100万ポンドの遺産は全て慈善活動と税金に用いられた。家族には何も残されなかったが，夫と娘は異議を唱えなかったという。「お金というのは私には何の意味もありません。最悪なのは拝金主義，お金を積み上げようとする行為です」というアニータ・ロディックの哲学が尊重されたのである。この彼女の意志は，「こうしたリーダーが率いる企業が現地に受け入れられなかったら，いったいどこが受け入れられるのか」という一石を投じている。

3　ファストファッションとカテゴリー・キラー

(1) ファストファッションという業界ルールの書き換え

　2020年の「ベスト・グローバルブランズ」にランクインしたアパレル企業は35位のZaraと37位のH&Mの2社だけである。

　Zara（日本ではザラと呼ばれるが，スペインではサラと発音する）は1975年にスペインで設立され，2005年時点で国内店舗と国外店舗の比率は31.4%：68.6%となっていた。Zaraの社名は，創業者の1人であるアマンシオ・オルテガ・ガオーナが感銘を受けた映画『その男ゾルバ』(1964)の「ZORBA」の中から「ZAR」を用いて思い付いた社名とされる。

　Zaraは1988年にポルトガルに国外初進出し，1989年にはパリとニューヨークに，1998年には日本に出店し，世界二大市場ての販売体制を着実に整えた。

　H&Mは1947年にスウェーデンで設立され，これも2005年時点ですでに国内外店舗比が10.6%：89.4%と国外店のほうが圧倒的に多い。H&Mの社名は，ヘネス (Hennes) がスウェーデン語で「彼女のもの」という意味を持つ。マウリッツは1968年に買収したMauritz Widforssから来ている。買収前は婦人服専門だったが，マウリッツが紳士服も取り扱っていたので，男女どちらの服も販売していくということからH&Mとなった。

　H&Mは1964年，ノルウェーに海外初出店をし，現在ではロシアを含めてヨーロッパ全域に店舗を構えている。北米では2000年にニューヨークに1号店を開き，2004年にはカナダに進出した。アジア第1号店は2007年，香港だった。このときにはマドンナをデザイナーに起用した「M by Madonna」を世界先行販売した。日本には，その翌年となる2008年に銀座に初出店した。

　ZaraとH&Mに共通する特徴は，ファストファッションである。H&Mの日本進出の際にも話題になり，2009年では流行語大賞の10選にも挙げられた。ファストファッションとは，数日か数週間単位で最新スタイルを低価格で提供する，超高速のサプライチェーンである。これが両社のグローバルビジネスの推進力となっている。ビジネスへのアプローチが速いという点は，ヴァージングループと共通したヨーロッパ企業の気質である。

ファストファッションは「片手は工場に置き，もう一方の片手は顧客に触れ
ておく（顧客が購入するまで商品を自社管理する）」というスタンスを採り，
「ファッションの民主化」「アイデア，流行，好みを飾り付ける（ドレッシング）」
というコンセプトを有する（Burt, Dawson and Larke 2006, pp. 71-90.）。

　その特徴は，業界のリードタイム（デザインから製造・販売までにかかる時間）
が９ヵ月であるのに対して，22～30日間と短いことにある。在庫は１つの商品
につき４～５点しかなく，店舗への新作の入荷が週に２回あることで新作が
次々と展開され，３週間で全商品が一巡する形となる（フェルドーズ，ルイス，
マチューカ 2006, pp. 39-59.）。よって，商品のコマーシャルをすることはない。
特にZaraはアパレル業界では珍しく正式なマーケティング部門を持たず，
マーケティングにかける費用は売上げの約0.3％ほどである。

　INSEAD（フランスのビジネススクール）のケーススタディでは，Zaraのリード
タイムは一般的にファイナル・デザイン（実施設計）１日，製造３～８日，配送
１日，17～20日間で販売することが明らかにされた（Harle, Pich and Heyden
2002）。まさにハイスピードな製品のライフサイクルであり，野菜を取り扱う
ことに似て，鮮度が重視される。米紙『ウォールストリート・ジャーナル』は，
これを「ジャスト・イン・タイム・ファッション」と表現した。

　Zaraの製造活動はスペイン最北西部ラコルニャに集約されていて，デザイ
ンから完成まで最短１週間であり，スペイン工場から世界各国にはトラック便
か航空貨物便で直接輸送される。ヨーロッパには24時間，アメリカには48時
間，日本には72時間で納品される。しかも入荷商品には，すでに値札が貼られ
ていて，ハンガーに吊るされた状態なので，再度アイロンをかけなくてもよ
く，そのまますぐに陳列できる。

　また，ジョージタウンなど３大学共同でのZaraのケーススタディでは，こ
の実現には各部門（デザイン・販売・製造）の活動を調整する必要があるので，
それら部門（デザイナー・マーケター・バイヤー）のチームが早期の段階で統合さ
れていることが示された（Ferdows, Machuca and Lewis 2002）。

　そして，各店舗の端末はスペイン本部に直接つながっており，発注は決めら
れた締め切り時間（デッドライン）が遵守される。使用言語は全てスペイン語で
ある。スペインと南ヨーロッパの店舗は水曜日午後３時と土曜日午後６時，そ

の他の店舗は火曜日午後3時と金曜日午後6時の週2回デッドラインがある。当然ながら，期限までに発注ができなかった場合は，その次の締め切り時間まで注文できない。これはITによる在庫管理としては「逆張り」のルール（いつでも発注できるオンラインの特性に反する取り決め）である。

　この点をハーバード・ビジネススクールは，ITを「非常に特殊なビジネスニーズ」のために社内で用いて，完全な運営につなげていると評する（McAfee, Sjoman and Dessain 2004）。また，現代ビジネス論においても，こうしたITの活用は特筆されており，ITがデザインやマーケティングなどの機能に強みを与え，競争優位をもたらすことで，コスト・リーダーシップと差別化を同時に追求すると見なす（Jones and George 2013, p. 193.）。

　こうしたファストファッションは，シーズン前に8割以上ないし全量を生産するギャップとの差別化要因となった部分でもある。小売戦略研究では，アパレル業界のルールを書き換えたと捉えられる。人量生産・販売するギャップは時代遅れのアパレル第一世代とされ，現代の主流は第二世代となるファストファッションと見なされる。第三世代はベーシックな服（Life Wear：究極の普段着）を提供するユニクロであるとされる。

　実際，「ベスト・グローバルブランズ」に以前ではギャップもランクインしていた。2007年には61位だったが，それ以降順位は落ち続け，2008年77位，2009年78位，2010・2011年84位，2012・2013年100位となり，2014年の99位を最後に100位圏外となった。

　その一方で，Zaraは2007年には64位とギャップの下にいたが，2008年62位，2009年50位，2010年49位，2011年44位，2012年37位，2013・2014年36位，2015年30位，2016年27位，2017年24位（現時点での最高位），2018年25位，2019年29位と着実にランクを上げた。

　H&Mは，すでに2009～2015年では21位（2012年のみ23位）と高順位に位置し続け，2016年では現時点で最高位の20位まで上り詰め，2017年には23位，2018・2019年では30位と20～30位の間を保持した。ただし，2020年ではコロナ禍の影響で，H&Mは前年比マイナス14%で37位，Zaraも同マイナス13%で35位となった。

　GAFAM（Google, Apple, Facebook, Amazon, Microsoft）やラグジュアリーブラ

ンド（メルセデス・ベンツ，BMW，ルイ・ヴィトン），アジアブランド（サムスン電子，トヨタ，ホンダ），アメリカブランド（コカ・コーラ，マクドナルド，ディズニー，ナイキなど）がひしめき合う上位ブランドの中で，このランクをキープするのは驚異的である。以下では，アパレル各世代の近年での業績を見ておこう。

まず，アパレル第一世代のギャップの2020年1月期連結決算では，Old Navy と Banana Republic は堅調だったが，Gap が北米で大量退店したことで，減収減益となった。売上げ収益は163億8,300万ドル（約1兆7,693億6,400万円）と前年比1.2％減だった。営業利益は5億7,400億ドル（約619億9,200万円）と同57.9％減になった。

ギャップは本書第1章で示したように，本国地域を主な活動拠点とする企業（リージョナルビジネス）である。地域別の売上げでは主力市場の北米が133億9,800万ドル（約1兆4,469億8,400万円，前年比0.4％増）と全体の売上げの大半を占める。その他，カナダでは11億5,300万ドル（約1,245億2,400万円，前年比3.4％減），ヨーロッパでは5億3,900万ドル（約582億1,200万円，前年比10.6％減），アジアでは10億8,400万ドル（約1,170億7,200万円，前年比12.1％減）であった。店舗総数は3,919で，同期では出店329，退店215であり，出店数のほうが上回った。

次にアパレル第二世代を見ると，2019年11月期のH&M グループ（H&M, COS, Monki, Weekgay など）の連結決算は増収増益を示した。売上げ収益は2,327億5,500万スウェーデンクローナ（約2兆5,603億500万円）と前年比10.6％増という2ケタ増収を記録した。これにはオンライン・セールス（EC）の売上高24％増（現地通貨ベース18％増）が大きく貢献した。営業利益も173億4,600万スウェーデンクローナ（約1,908億600万円）と前年比12.0％増となった。

最も売上げが高い国はドイツであり，全体の売上げの14.4％を占めた。ドイツは2004年に撤退したギャップから国内全店舗を買収して以来，H&M 最大の市場となった。また，アメリカ（前年比20.9％増），中国（同12.2％増），イタリア（同10.1％増）という世界三大市場の主要な国で大きく成長した。日本でも前年比9.1％増であった。総店舗数は5,076と前年より108増やした。

地域別の比率は，ヨーロッパ・アフリカ66.5％，アメリカ（北米・南米）18.2％，アジア・オーストラリアが15.3％とグローバルビジネスの定義（本書第1章参照）からすると本国地域が中心であるが，自国スウェーデンでの売上げ（89億

9,300万スウェーデンクローナ）よりドイツ（335億4,000万スウェーデンクローナ）のほうが売れていることを踏まえると，いわば「グローバルチャレンジャー」と評することができる。

　同じくアパレル第二世代のZaraやZara Home，Bershka，Stradivariusなどを抱えるインディテックス社の2020年１月期本決算では，展開する全ブランドが増収であり，全社でも増収増益となった。連結の売上げ収益は282億8,600万ユーロ（約３兆3,943億2,000万円）と前年比8.2％増となった。営業利益も47億7,200万ユーロ（約5,726億4,000万円）と同9.5％増であった。総店舗数は7,469と前年より21減らしたが，ECビジネスが39億ユーロ（約4,680億円）と前年比23％増となり，その分を補った。

　地域別では，ヨーロッパ（スペインを除く）46.0％，アジア・その他地域22.5％，スペイン15.7％，アメリカ15.8％となっており，やはり本国地域が主な活動拠点となっているが，H&M同様にグローバルチャレンジャーと見なすことができる。

　アパレル第三世代のユニクロも第二世代に続き，グローバルビジネスへの方向に舵を取る。2009年８月期では海外事業の売上げ比率は全体の5.5％に過ぎなかったが，2019年８月期では44.8％にまで高めた。店舗数では日本では800店前後で横ばいする状態の一方で，海外店舗は年に100〜150のハイペースで出店を続け，2019年では1,389店舗を数えた。2016年からは海外店舗のほうが多くなった。国内事業の３倍の設備投資額をかけて，海外事業に注力している。こうした取り組みは営業利益率に反映し，2019年では国内11.7％，海外13.7％となった。

　2019年８月期での連結業績では売上げ収益は２兆2,905億4,800万円（前期比7.5％増），営業利益は2,576億3,600万円（同9.1％増）であり，2017年から３年連続で過去最高の業績を更新した。

　国内ユニクロ事業での売上げ収益は8,729億5,700万円（同0.9％増），営業利益は1,024億円（同13.9％減）と増収減益であった。この背景には上期での暖冬が影響している。ただし，下期には「UT」「UVカットパーカ」「感動パンツ」などの夏物商品が好調で，売り上げ維持に貢献した。Eコマースの売上高も832億円（同32.0％増）と急成長して，売上構成比の9.5％（前期7.3％）を占めた。

海外ユニクロ事業での売上げ収益は 1 兆260億3,200万円（同14.5％増），営業利益は1,389億400万円（同16.8％増）と増収増益だった。地域別では中国が売上げ収益5,025億6,500万円（同14.3％増），営業利益が890億円（同20.8％増）と海外事業を牽引した。ただし，韓国では日本製品の不買運動の影響を受けて減収減益となった。2018・2019年ではオランダ，デンマーク，イタリア，インドなどに初出店がなされ，グローバルチャレンジャー路線に入っている。

（2）カテゴリー・キラーとして世界三大市場に切り込む

　カテゴリー・キラーというコンセプトがある。それは「特定の商品分野だけを専門的に取り扱い，低価格や品揃えの面で他社の追随を許さず，その業界を支配して，そこでの競争相手をつぶしていく存在」を意味する（Spector 2005.／邦訳 2005）。低価格を実現するため，セルフサービス（May You Help You?：自分のことは自分でしてもらえますか）を基本とする。

　カテゴリー・キラーの代表例は，玩具業界でのトイザらスである。同社は1948年からワシントンD. C.でベビー用家具店「チルドレンズ・バーゲン・タウン」を営んでいたチャールズ・ラザラスが「玩具も置いてほしい」という顧客の声をきっかけとして生まれた。

　当時は戦後のベビーブームを受け，子ども向けの商品の需要が増していたこともある。とはいえ，ベビー用家具は一度購入されると，使い古されてボロボロになることは無く，その世帯が再度購入する機会はほとんどない。だが，玩具なら摩耗するか，飽きて捨てられることがあるので，再度購入される場合がある。ここに，ビジネス機会を見出したのだった。

　この 2 号店を開く際に，簡潔でありながら鮮烈な印象を与える社名が考えられた。そこで "Toys are us." とラザラスの名前をかけて，トイザらスとされた。日本では「ら」がひらがな表記になっているのは，社名の "R" が左右反転の鏡文字になっていることに対応したためである。これは，文字を習い始めた子どもが，アルファベットを逆さに書いてしまう間違いをすることが多いことから，そうした子どもに親しみを持ってもらえる店になるようにという意味が込められている。

　1984年にカナダとシンガポールに国外初出店をしたことから，トイザらスの

グローバル展開は始まった。その後すぐにヨーロッパや香港に出店された。イギリスでは玩具店自体が少ないブルーオーシャン市場であったので，しばらく競争にさらされることなく，一番手利益を享受できた。ドイツやフランスにも支配的な玩具専門店は無かったため，売上げは好調だった。アメリカに451店を設けた1991年には，国外に97店舗を有し，全体の売上げの14％を国外から得た（Spar, MacKenzie and Bures 2003, p. 106.）。

　日本市場に進出したのは，その1991年のことであり，日本マクドナルドとの共同出資（トイザらス80％，日本マクドナルド20％）で茨城県に出店した（荒川沖店）。1992年には当時のブッシュ大統領が視察に来て「日本の流通に横たわる障壁を除く取り組みが成功した。これはアメリカにとってだけではなく，日本の消費者にとっても成功である」と語った。

　このように，トイザらスがカテゴリー・キラーとして国外市場に進出することを可能にしたのは，大量一括仕入れとコンピュータによる在庫管理である。これにより，玩具の値引きが可能になった。低価格なので，多くの玩具が顧客の買えるモノになった。これはイケアが家具業界で行ったことと同じく「消費者文化の民主化」であった。また，玩具は家電と比べて，製品の仕様を国別に変える必要が無いことも，スムーズな国外展開を支えた。

　トイザらスは1999年，店舗のレイアウトをC3（カスタマー・ドリブン，コスト・エフィシエンシー，コンセプト）を重視したものに変えた（Eisner 2006, pp. 866-871.）。これにより，通路が広くなって，売り場面積が18％拡大した。1年をかけて，4分の3の店舗がC3レイアウトを取り入れ，快適な売り場空間となった。

　このように売り場での工夫は購買意欲を駆り立てものであり，中でもワゴンを大きくしただけでも売上げは伸びるということは量販店の定石とされる。

　また，西松屋では顧客層がはっきりとしているので，子連れカートでの来店を前提として，通行を妨げないようにマネキンは置いていない。そして，接客をしていない。店員から商品の説明はしないため，店舗は2人体制を基本とする。少人数運営なので，衣類はワゴンセールではなく，全てハンガー掛けで陳列している。これにより，店員が服を折り畳み直す作業がなくなる。高い棚にかけられた商品も脚立ではなく，商品取り棒を使ってセルフで取ってもらうようにしている。さらに，視覚に訴えかければよいのでBGMもなくしている。

トイザらスは1999年，マーチャンダイジングに「ワールド」と称されるものを取り入れた。これは，①R Zone（ビデオゲーム），②Action and Adventure（アクション・フィギュア），③Girls（人形），④Outdoor Fun（野外向け），⑤Preschool（幼児向け），⑥Seasonal（季節商品），⑦Juvenile（赤ちゃん向け），⑧Learning Center（知育），⑨Family Fun（家族向け），という9分野に商品を分けて，それぞれの世界観で消費経験を提供するものである。

　2001年には，ニューヨークに旗艦店を立て，感謝祭（11月第4木曜日）などでは活気ある消費の現場の象徴となった。トイザらスの「子どもの心に喜びを，親の顔には笑顔を」というビジョン，「全ての顧客を幸せにすることへの関与」というミッション，「子どもと家族，そして楽しさの世界的権威」というゴールは現実のものとなっていた。

　ところが21世紀に入り，消費形態がネットショッピングへと移行していき，アマゾンという，いわば「カテゴリー・キラーズ・キラー（リアル店舗全てに代替するネット小売り）」が登場し，さらにアメリカではウォルマートによる安値攻勢にあい，トイザらスは2018年に経営破綻し，アメリカ国内店舗を全て閉店した。2019年には元社員らが新会社を設立して，ブランドを引き継ぐ形で復活させている。

　これに関して，日本トイザらスのディーター・ハーベル社長は，経営破綻の理由を外的要因（クリック＆モルタル：電子商店と実店舗によるアタック）よりも，内的要因（2005年に投資ファンドに買収された時に50億ドルの有利子負債を抱え，年間4〜5億5,000万ドルの金利の支払いを余儀なくされたこと）に求める。負債があったことで，店舗のリニューアルやオンライン事業への投資が十分に行えなかったのである。そして，日本トイザらスの戦略を小型・都市化店舗，オンラインの拡充，イベント型・社会共生型の店作りを掲げ，日本市場での確実な成長を図ろうとしている。

　他方で，コーヒー業界のカテゴリー・キラーとして，国外市場を開拓してきたのが「スペシャリティ・コーヒー」あるいは「グルメ・コーヒー」という新しい領域（少し高値だが美味しいコーヒー）を創出したスターバックスである。

　筆者がその出店の勢いを肌で感じたのは，2007年に訪れたロンドンにおいてであった。市街の至る所にスターバックスの店舗を目撃した。かなり長く地下

鉄に乗って，他に誰もいないような駅で降り，地上に出ても，すぐにスターバックスの看板を目にした。こうした現地経験から気付かされたのは，海外では駅にトイレが設置されていることがほとんど無いので，各駅の近くに立地することはトイレ機能の代わりにもなっているということである。もちろん，トイレだけの使用はできず，注文した場合に限るので「よくできた仕組みだな」と腑に落ちる思いをした。

　また，テイクアウトかドリンクインかという相違もある。アメリカでは 8 割がテイクアウト客であり，その反対にヨーロッパでは 8 割が店内で飲食をするとされる。駅チカや市街での店舗は，まさに喫茶店としての役割を担っているのである。

　ただし，地域別売上げでは，スターバックスはアメリカでの売上げが全体の75％と大半を占める。中国で10％，ヨーロッパでは同じ英語圏のイギリス以外では，地元（特にイタリア，フランス）でのカフェ文化が根強く，中東とアフリカを入れてようやく 5 ％ほどとなっている。日本も全体の売上げから見ると，1 ％に満たない状態である。

　日本市場では，スターバックスコーヒーは 4 大コーヒーチェーンの中でも店舗数1,458, 売上げ1,827億円（2018年 9 月期）と最も高い。他の 3 つはドトールコーヒーショップ（1,107店舗, 725億円, 2019年 3 月期），珈琲所 コメダ珈琲店（835店舗, 303億円, 2019年 2 月期），タリーズコーヒー（735店舗, 345億円, 2019年 4 月期）である。

　翌2019年 9 月期では店舗数は1,497となり，この期間では目黒にロースタリー東京を開店した。売上高も110％伸ばして2,011億円，経常利益（本業以外の利益を含むもの）は2018年の143億円から129％増の185億円（営業利益は182億円）となり，日本市場は好調である。この数値で計算すると，日本では 1 店舗当たり 1 日の売上げが平均して約36万円ということになる。商品の平均価格帯（500円）で割ると 1 日平均600人が利用していることになる。

◆エクササイズ

① 自身の関心のある企業を 1 社挙げ，その企業が国外市場に進出した際に直面した課題には何があったか調べてみよう。

② 自身の関心のある企業を 1 社挙げ，その経営者のビジネスに対する考え方

（哲学）はどのようなものか調べてみよう。

③ アパレル業界の最近のトピックスには，どのようなものがあるか調べてみ
   よう。

④ カテゴリー・キラーと言える企業を1社挙げて，どのような点でそう言え
   るか考えてみよう。

〔参考文献〕

フェルドーズ，カスラ／ルイス，マイケル A.／マチューカ，ホセ A. D.著，DIAMONDハー
　　バード・ビジネス・レビュー編集部編・訳（2006）「ザラ──スペイン版トヨタ生産方式」
　　『サプライチェーンの経営学』ダイヤモンド社。

Almaney, A. J. (2004) "The Body Shop International: U. S. Operations," edited by Hill, C. W. L.
　　and Jones, G. R., *Cases in Strategic Management*, sixth edition, Houghton Mifflin Company.

Bartlett, C. A., Ghoshal, S. and Birkinshaw, J. (2003) *Transnational Management: Text, Cases,
　　and Reading in Cross-Border Management*, fourth edition, McGraw-Hill.／梅津祐良訳
　　（1998）『MBAのグローバル経営』（第2版テキスト部分訳）日本能率協会マネジメントセ
　　ンター。
　　※原書は2018年に第8版が刊行されている。

Bartlett, C. A. and Ghoshal, S. (2003) "Going Global: Lessons from Late Movers," edited by
　　Bartlett, C. A., Ghoshal, S. and Birkinshaw, J., *Transnational Management: Text, Cases,
　　and Reading in Cross-Border Management*, fourth edition, McGraw-Hill.

Burt, S., Dawson, J. and Larke, R. (2006) "Inditex-Zara: Re-Writing the Rules in Apparel
　　Retailing," edited by Dawson, J. A., Larke, R. and Mukoyama, M., *Strategic Issues in
　　International Retailing*, Routledge.

Eisner, A, B. (2006) "Toys"R" Us Moving into 2004," edited by Dess, G. G., Lumpkin, G. T.
　　and Eisner, A. B., *Strategic Management: Text and Cases*, second edition, McGrow-Hill.

Ferdows, K., Machuca, J. and Lewis, M, (2002) "Zara", Georgetown University／Universidad
　　de Sevilla／University of Warwick Case Study, 603-002-01.

Fogarty, E. A., Vincelette, J. P. and Wheelen, T. L. (2002) "The Body Shop International PLC:
　　Anita Rodick, OBE," edited by Wheelen, T. L. and Hunger, J. D., *Strategic Management
　　and Business Policy: Cases*, eighth edition, Prentice Hall.

Ghauri, P. N. and Buckley, P. J. (2002) "Globalisation and the End of Competition: A Critical
　　Review of Rent-seeking Multinationals," edited by Havila, V., Forsgren, M. and
　　Håkansson, H., *Critical Perspectives on Internationalisation*, Pergamon.

Harle, N., Pich, M. and Heyden, V. (2002) "Mark & Spencer and Zara: Process Competition in
　　the Textile Apparel Industry," INSEAD Case Study.

Jones, G. R. and George, J. M. (2013) *Essentials of Contemporary Management*, fifth edition,
　　McGraw-Hill.

McAfee, A., Sjoman, A. and Dessain, V. (2004) "Zara: IT for Fast Fashion," Harvard Business School Case Study, 9-604-081.

Roach, B. (2005) "A Primer on Multinational Corporations," edited by Chandler, A. D. and Mazlish, B., *Leviathans: Multinational Corporations and the New Global History*, Cambridge University Press.

Roddick, A. (1991) *Body and Soul: Profits with Principles-The Amazing Success Story of Anita Roddick & The Body Shop*, Crown.／杉田敏訳 (1992)『BODY AND SOUL——ボディショップの挑戦』ジャパンタイムズ。

Roddick, A. (2001) *Business As Unusual: The Triumph of Anita Roddick and the Body Shop*, Thorsons.／ハント・ヴェルク訳 (2006)『ザ・ボディショップの，みんなが幸せになるビジネス』トランスワールドジャパン。

Spar, D., MacKenzie, J. and Bures, L. (2003) "Toys"R" Us Japan," edited by Bartlett, C. A., Ghoshal, S. and Birkinshaw, J., *Transnational Management: Text, Cases, and Reading in Cross-Border Management*, fourth edition, McGraw-Hill.

Spector, R. (2005) *Category Killers: The Retail Revolution and Its Impact on Consumer Culture*, Harvard Business School Press.／遠藤真美訳 (2005)『カテゴリー・キラー——小売革命でここまで変わる！　消費の「質」と「意味」』ランダムハウス講談社。

Stonehouse, G., Campbell, D., Hamill, J. and Purdie, T. (2004) *Global and Transnational Business: Strategy and Management*, John Wiley & Sons.

The Body Shop International (1996) Annual Report.

第6章

鴻海によるシャープ買収はなぜ起こったか

〈キーワード〉
　コア・コンピタンス，コア・リジディティ，一番手利益，残存者利益

1　コア・コンピタンスが硬直するとき

　その企業独自の強みであり，競争優位をもたらす源泉となっているものをコア・コンピタンス（中核的能力）という。ソニーでは小型化・簡素化する技術であり，ホンダはエンジン製造技術である。

　シャープのコア・コンピタンスは，液晶（LCDs：リキッド・クリスタル・ディスプレイ）というオプト（光）の技術とマイクロエレクトロニクスを融合する特殊な分野の技術である（Hamel and Prahalad 1994／邦訳 1995, 2001）。

　筆者が大学院時代（立命館大学）に坂下清客員教授（元シャープ常務取締役・総合デザイン本部長）引率の下，シャープの天理工場を見学したことがあるが「シャープと言えば液晶（綺麗な画面）」という印象を大きく受けた。

　ところが，その得意とする技術が全く新しいパラダイムに移行する技術的不連続の瀬戸際に立っている時には，マネジメントをしっかりと行い，舵取りをしないと，コア・コンピタンスが異なる環境下では適合性を失うという「過剰適応（オーバーアダプテーション）」を起こしてしまう。この引き合いに出されるのが，氷河期に絶滅した恐竜である。日本の携帯電話のガラパゴス化（ガラケー）もそうである。

　環境に適応できないと，コア・コンピタンスが裏面（フリップ・サイド）に転じ，コア・リジディティ（中核的硬直性）という負の財産になってしまうことがある（Leonard-Barton 1992, pp. 111-125.）。

　コア・リジディティを提唱したレナード教授（ハーバード・ビジネススクール）
は，コア・ケイパビティは企業が成長するにつれ，イノベーションを妨げる慣
性になると捉える（Leonard-Barton, 1995／邦訳 2001）。レナード教授は，企業の
強みとなるものは強い順に，ビジョン・経営プロセス・技術・人材と見なす。
つまり，技術以上に企業の強みを呼び込むビジョンや経営プロセスが環境変化
を軽視し，自社のドミナント・ロジックに従い続けていると，その偏見（バイ
アス）が判断ミスを継続的に引き起こし，ついには戦略のミスマッチ，さらに
はマネジメント不全につながるというのである。

　本書第2章で見たようにサムスン電子は「新経営」宣言に基づくトップマネ
ジメントの強力なリーダーシップのもと，コア・リジディティに陥ることな
く，半導体というコア・コンピタンスの活用から得られる利益を存分に享受し
た。

　その反対に，社内での危機意識の欠如や保守的な考え方になっているという
大企業病や，組織に共通したビジョンが無い，あるいはあっても共有されてい
ない，リーダーシップとフォロワーシップが巧く機能していない。これらはい
ずれもコア・リジディティの引き金となる。ポイントは社外要因でなく，社内
要因からもたらされるという点である。

　このコア・リジディティの典型例を示すことになったのが，2016年に台湾の
EMS企業である鴻海精密工業（ホンハイ）に3,888億円で買収されたシャープである。

　鴻海は1974年に白黒テレビの選局つまみをプラスチック成型する会社として
設立した。その後，パソコンのコネクターに着目して，1982年に社名を現在の
ものに変更した。1985年にアメリカ支社を設け，フォックスコンという自社ブ
ランドも有している。

　鴻海の創設者である郭台銘（テリー・ゴウ）は現代の「蒼き狼（チンギス・ハーン）」と呼ばれる
ほど敏腕で，AppleのiPod，iPhone，iPadを始め，ソニーの『プレイステーショ
ン』や『ブラビア』，任天堂のDSやWii，デルやヒューレット・パッカードの
PC，マイクロソフトのXboxなどの製造を請け負ってきた。

　これらの製造はハイリスクであり，多額な投資を伴い，Appleなどからの厳
しい要求（金属製の高級感あるものにしたい）も受け入れなければ実現しない。
シャープで33年間勤務した中田行彦教授（立命館アジア太平洋大学）は，それを

実行してきたことを「規範破壊経営」と称する (中田 2019, p. 115.)。

　郭台銘は「シャープと鴻海の日台連携で，サムスンに勝つ」「シャープはシステム統合などの上流の技術に強く，鴻海は生産能力と世界に顧客を抱える。この補完関係で 1 + 1 = 2 ではなく 5 になる」といったグローバル競争の構想を明確に持っていたので，提携先だったシャープの買収にも意欲的だった。この買収劇に関して，米紙『ウォールストリート・ジャーナル』(2016年2月8日) は「まさにシャープ・エンド (事態の山場，最大の難局) だ」と評した。

　このように日本の大手電機メーカー 8 社 (日立，東芝，三菱電機，パナソニック，ソニー，NEC，富士通，シャープ) の中で業績不振に陥る企業はあるが，台湾企業に買収され，完全子会社になるという初のケースを招いたのは，シャープが唯一の拠り所としていた液晶事業が環境の変化によって裏面にひっくり返り，硬直化したためであった。

　1998年，4 代目のシャープ社長となった町田勝彦は，液晶技術をコアとしたオンリーワン企業になることをめざし，当時ほとんどのテレビがブラウン管である中で「2005年には国内で作るテレビは全て液晶にする」と宣言した。その象徴となったのが，キーデバイスから最終製品までを自社で作る垂直統合 (液晶パネルとテレビの自前一貫製造) を行う亀山工場 (三重県) で生産される『AQUOS』という液晶テレビだった。

　この製造法は，技術の流出も防ぐことのできるブラックボックス戦略であり，「老舗うなぎ屋の秘伝のたれ」を守るかのようなコア・コンピタンスの鉄壁の防御策である。これを牽引した町田勝彦の経営思想 (クリスタルクリア・カンパニー宣言) も創業時の「創意」を最も大事にした正論であった (町田 2008)。

　経営史学者のチャンドラーが捉えたように，早期に組織能力を形成できた企業は新たな市場機会に対応しやすく，その結果として「一番手利益 (ファースト・ムーバー・アドバンテージ)」を得ることができる (Chandler 1990／邦訳 1993)。2000年に 2 兆円になった液晶ディスプレイ市場に対するシャープの液晶集中戦略は，まさに一番手利益を獲得するための行動だった。しかし，それが一体なぜこのようなコア・リジディティに転化してしまったのだろうか。

　一番手利益の利点については，1988年にリバーマンとモンゴメリー両教授 (スタンフォード大学ビジネススクール) によって「一番手の強みが実現されるの

は，その会社が巧みに（あるいは運良く）その優位性を利用し，なおかつ後続の
ライバル企業に対する優位を維持できる場合である」と提唱された（Lieberman
and Montgomery 1988, pp. 41-58.）。

　だが，1998年には自説の欠陥に気付き，一番手の弱みを提示した。それは市
場変化が激しく，技術革新が急速な分野では後発組が有利になる傾向があり，
先発組の失敗にも学べることであった（Lieberman and Montgomery 1998, pp.
1111-1125.）。このことから，競争を勝ち抜くには一番手になるか，あるいは「一
番手よりもベターになるか」と付け足された。

　これは，企業のイノベーション研究の第一人者であったクリステンセンの
「偉大な企業は全てを正しく行なうがゆえに失敗する」という言葉に集約され
る（Christensen 1997／邦訳 2001）。また，アッターバックが全ての変化にとって
最も重要なことに「経営者が絶えず変化して厳しさを増す事業環境から学び，
適応すること」を掲げている点にも示される（Utterback 1994／邦訳 1998）。詳し
くは以下に見ていこう。

2　「新事業への水平的多角化」より　「液晶事業の垂直統合の強化」という選択

　シャープがコア・リジディティを引き起こした大きな要因は，液晶テレビ事
業への偏った資金配分（巨大構想の下での過剰投資）であった。当時のビジネス・
ジャーナル誌などでも明らかにされたが，他社と比べて製造原価率が突出して
いた。NECは74.7％，パナソニックは77.2％，ソニーは86.8％であるのに対
し，シャープは94.0％であった。製造原価を1％減らすと，200億円は収益を
改善できると指摘されていた（中田 2016, pp. 47-48.）。

　2000・2001年度に液晶パネル生産ライン建設費（生産能力増強）として700億円
以上が多気工場（三重県）に，約460億円が天理工場（奈良県）に投資された。こ
れは全社設備投資（3,050億円）の40％にあたる額だった。この設備投資の問題
点は，それまでシャープが投資基準としていた「投資額は売上高の1割以内。
設備の償却額は内部留保の範囲内。フリーキャッシュフローを常にプラスに保
つ範囲で決定する」ということが初めて守られなかったということである。つ

まり，キャッシュフローの範囲を超え，フリーキャッシュフローをマイナスにする償却負担を抱える規模の投資だったのである。

『情報通信白書（平成19年版）』では，2002年での液晶パネル生産は日本30.9%，韓国29.8%，台湾27.6%だったとされる。この年には液晶ディスプレイの受給バランスは崩れ，年率30%の価格下落を起こした。だが，『AQUOS』の売上げには影響なく，外販液晶ディスプレイの値崩れもわずかだったため，「液晶の一本足打法」の続行が判断された。

シャープはさらなるコア・コンピタンス経営として，1,500億円を投じて亀山工場（三重県）を新設し，2004年に稼働した。当時の町田勝彦社長の「液晶にこだわり続けたい」というコメントは，皮肉にもコア・コンピタンスがコア・リジディティに変わる予告になってしまった。

「世界の亀山モデル」と謳われ，日本製（メイド・イン・ジャパン）が大きな売りどころとなった『AQUOS』は2008年までシャープが売上高を右肩上がりで伸ばすことに大きく貢献した。2007年には初めて売上高が3兆円を突破した。だが一方で，2006年からは世界市場シェアでサムスン電子にその座を奪われていた。

この競争にさらなる設備投資で対抗し，あくまでも液晶を最優先としたリソース集中が続けられた。当然，投資資金は不足するので，その分を銀行借り入れとし，負債総額は毎年1,000億円を超えるペースで増大していった。この財務政策は滞りなく返済できることが前提となるので，キャッシュフローが回らなくなると，たちまち倒産の危機を迎えることとなる。

とどめを刺したのが，5代目の片山幹雄社長が，6,000億円の負債を抱えた状態で，さらに4,000億円を借り入れて，他社に先駆けて超大型ディスプレイ（第10世代液晶）を量産する堺工場（大阪府）を建設したことである。要するに「液晶の次も液晶」という深化（ビジョンなき投資）がなされてしまい，他事業への進化は行わなかったのである。2代目社長を務めた佐伯旭は晩年，この身の丈に合っていない大型投資を危惧していたという。

投資することは間違いではなかったが，その費用がかかりすぎたこと。そして，堺工場では技術革新がなかったこと。過剰生産で在庫が積み上がったこと。こうした過剰投資が過剰生産と過剰在庫を生み出す「負の連鎖」にはまっ

たのである（中田 2016, pp. 215-223.）。この堺工場建設については，デサイ教授（ハーバード大学）がファイナンスの教材にしている（Desai 2019／邦訳 2020）。

また，マネジメントの点では，片山幹雄社長と町田勝彦会長，そして浜野稔重副社長の３人の存在感が強く，この三党政治（キングギドラ経営）が幅を利かせていて，「１工場，１社長」といわれていた（日本経済新聞社編 2016, p. 45.）。

そうした中，2008年に各社の液晶の供給量が世界需要に追い付いてしまい，在庫を抱えるようになった。液晶パネルとテレビの市場が縮小に転じたことで，シャープの売上高は前年比5,700億円減の２兆8,472億円となり，当期純損失（最終赤字）は1956年に東証上場以来初めてとなる1,258億円を計上した。

さらには，デジタル化によって部品の汎用化（コモディティ化）が進み，ファブレス（自社で生産設備を持たない）企業がサムスン電子などから液晶ディスプレイの供給を受け，低価格の薄型液晶テレビをモジュール生産（組立製造）し始めたので，市場では差別化（高品質：ハイエンド商品）よりもコスト・リーダーシップ（大量に売れる価格帯：ボリュームゾーン商品）が優位になった。

これを受けて，シャープでは事業のテコ入れがなされたが，液晶が主軸である路線が変更されることはなかった。液晶以外で稼げる事業が育っていなかったのである。他の日本企業には2007年からの10年間において主軸事業を移行したところは多かった。例えばソニーはエレクトロニクスから金融に，TDKは電子部品からフィルム応用製品に，東レは情報通信材料・機器から繊維に，イオンは総合小売りから総合金融に，日清製粉グループは製粉から食品にそれぞれビジネスの柱をシフトさせて，成長を続けていた。

しかし，シャープは液晶に固執したままであった。テレビ販売は2010年度に過去最高となる1,482万台に達したが，2015年度には582万台にまで落ち込んでいた。2011年度には3,760億円，2012年度には5,453億円という巨額の赤字を出した。2013年度にはリストラによって黒字に戻ったが，2014年度には再び2,223億円の赤字となった。

総資産１兆9,619億円に対して，負債が１兆9,173億円となり，純資産は約445億円になった。これは，この額以上の赤字を次年度に出すと，債務超過（全資産を売却しても負債の返済は不可能）となることを示していた。

2012年での堺工場の稼働率は50％までに下がり，償却費を負担できるレベル

ではなかった。その年，世界シェアも6.4％の5位に留まった。このように競争力を失い，市場を退場する企業が出た際に，残った企業がその分のシェアを奪うことになる。シャープの部分を自社のシェアとして拡げたのが，ハードボール戦略でライバルの後退を誘っていたサムスン電子だった。これは「残存者利益（プロフィット・オブ・ザ・リマインリング・プレイヤー）」と呼ばれる。

こういった状態となり，資金繰りの解決先を鴻海に頼ったことが，その後の買収の契機になったのである。こうした状態は，技術信仰（成功体験から良いモノを作ればよいと思い込むこと）と，イノベーションのジレンマ（市場の需要を追い越すまで得意な技術に投資を続けること）という2つの罠に落ちいった「日本型モノづくりの敗北」（湯之上 2013）あるいはEMSによる水平分業に負ける「日本式モノづくりの敗戦」（野口 2012）と称される。

シャープには鴻海グループが66％出資し，社長には経費削減を徹底し，日本では社員寮に住むなど「清貧」という人柄で知られる戴正呉が就き，One Sharpをスローガンとして，即断即決のスピード経営が展開された。「もう液晶の会社ではない。ブランドの会社になる」と宣言した戴正呉というニューリーダーのもと，再建が進められた。

液晶とエレクトロニクスデバイスはブランドを支える武器とし，「人に寄り添うAIoT（AIとIoTを融合させた事業）」「8Kエコシステム（高精細の8Kテレビによる放送・映像分野から医療・セキュリティ分野への事業展開）」を2本柱とするグローバルビジネス（中国市場開拓など）をめざすビジョンが示された。

営業利益は2015年度にマイナス1,629億円だったが，2016年度には624億円，2017年度では901億円，そして2018年度841億円，2019年度527億円にまで回復した。この経営改革路線は，2020年に野村勝明社長・戴正呉会長の新体制のもとに継承された。

3　シャープのコア・コンピタンス経営

（1）創業者・早川徳次の未来展望力

以上ではシャープの液晶がコア・リジディティになった裏面を捉えたが，ここではコア・コンピタンスとしての液晶という表面がどのように形成されて

いったかを見てみよう。

　過去には，シャープの液晶技術を活かしたビデオカメラ（ムービー）『液晶ビューカム』や電子手帳『ウィザード』などがオンリーワン商品となっていた。町田勝彦もオンリーワンを志していたが，これは「規模を追わず独自技術を追求する」という意味で用いられており，規模も求めたことがコア・リジディティを招いたのである。

　ハーバード・ビジネススクールは，長期にわたってリソースをアップグレードさせて，新たなコンピタンスを連続して追加した企業の好例としてシャープを挙げた（Collis and Noda 1993）。これは，1973年に定められた経営信条「誠意と創意」に基づく取り組みを行ってきたことに対する正当な評価である。

　誠意（シンセリティ）とは，全ての仕事に真心を込めること。つまり，相手の立場に立って，物事を考えていくことが人の道であるということ。創意（クリエイティビティ）とは，常に新たな工夫と改善を行うことで，進歩ないし挑戦していくという行動規範のことである。この2つの基本的な理念を持ち続ける「二意専心」によって，シャープは事業をアップグレードしてきた。基礎研究の分野や規格を作ることより，具体的な商品を志向したのである。

　このシャープの創業者は「元手をかけずに，金を儲けよう」と，様々なアイデア商品を次々と売り出した早川徳次である。1912年，19歳のときに金属加工職人として独立し，1915年に亀戸のプラム製作所（文具メーカー）から「繰り出し鉛筆（太いセルロイドの軸に鉛筆の芯を入れたもの）」の金具の注文を受けた。軸はセルロイドで，中の金具はブリキだったので，錆びたり壊れやすかったりした。そこで，これをニッケル製の丈夫で精巧な「万年筆並みの実用品」にすることに挑んだ。

　こうして誕生した金属製の「早川式繰り出し鉛筆」がシャープペンシルの原型になった。文具問屋には和服には似合わないと一蹴されたが，欧米に輸出され，ヒットした。その際の商品名は『エヴァ・レディ・シャープペンシル』，つまり削らなくても使える鉛筆というものだった。この成功体験から早川徳次は「まことの心をもって，くじけず仕事をしていればいつか必ず勝利者になれる日がくる」ということを固く信じるようになったという（平野 2017, p. 330.）。

　こうしてシャープという名称が定着すると，早川電機工業（後のシャープ）の

商号として電化製品に標した。シャープペンシル以前には『徳尾錠』というベルトのバックルや水道自在器など，当時では「ハイカラ商品」となるモノを創り続けていた早川徳次は「事業は常に新しいアイデアで他より一歩先にと新分野を開拓していかなければ，とうてい成功は望めない」と見なしていた。

　この精神は戦前におけるラジオブームにおいても貫かれた。1924年，アメリカから2台だけ輸入されたラジオ機械（鉱石ラジオセット）のうち，1台を購入した早川徳次は，その分解研究を早川金属工業研究所（早川電機工業の前身会社）で行った。当時，アメリカではラジオが実用段階にあり，報道や娯楽のための機器として用いられ始めていた。日本でもNHKが開設される時期であり，ラジオ受信機には需要が見込まれていた。

　しかしながら，その機械に対する知識に乏しく，実物の輸入に頼る以外に手立ては無かったので，手に入れたアメリカ製のラジオは貴重な資料だった。これを手本に早川徳次は，自家製の小型鉱石セットの組み立てを完成させた。この鉱石セットは1925年にJOBK（大阪NHK）が最初の電波を流したときから始まった国内ラジオ受信機へのニーズをいち早く満たし，大量に販売された。その名称は『鉱石受信機』というものだったが，ラジオの感度を象徴するために『シャープ』の銘が打れ，ラインアップも4種類が揃えられた。

　こうした創意は戦後のテレビ生産においても発揮された。1951年の国産テレビ受信機の本格的な試作に成功し，1953年のテレビ本放送の開始と同時に量産したのである。これを日本で最初に行ったのが早川電機工業だった。早川徳次は，こうした先駆けになれたことについて「調子に合わせて一朝一夕にはできないものであり，それまでの長年の研究と，その時々での技術の蓄積がものをいった」としていた。さらには技術以外にも，信用・資本・奉仕・人材・取引先という5つの蓄積もあったと実感していた。

　また，コア・コンピタンス経営で重要とされる未来を展望することについても備わっていたことも挙がる。ラジオの黎明期に早川徳次は，旧工場研究所の空間壁画にテレビの配線図を暗記用として貼っていた。ラジオが普及し始めた頃，すでにその先のテレビのある世界を描いておくことで，より早く市場ニーズに取り組めたのである。「偶然を作りあげるような下地のある我々のところに当然にやってくるべくして来た」という早川徳次の言葉は説得的である。

(2) 市場競争におけるアップグレード戦略

　早川電機工業がシャープへと社名変更したのは，1970年のときだった。後にパナソニックもそうしたように，商標と社名を合致させてブランドイメージを統一する狙いと，電機という名称を外すことで家電メーカーからエレクトロニクスメーカーへの転身をめざしたのである。

　そうした1970年代には液晶ディスプレイが日本メーカーによって事業化されていった。沼上幹教授（一橋大学大学院）は，シャープにとって液晶ディスプレイは，①信頼性の基準であり，②低価格競争の手段であり，③長期的な電卓事業戦略であったと捉える（沼上 1999）。

　これは，シャープとカシオとの電卓競争に焦点が当てられたもので，この競争（沼上幹教授が言うところの「対話」）がシャープのコア・コンピタンスを液晶ディスプレイに決定付けることになった。

　1969年，シャープは世界初となるLSI（Large Scale Integration：大規模集積回路）電卓を発売し，翌年からその量産を始めた。1972年にはカシオが『カシオ・ミニ』という6桁電卓を出した。シャープは半導体を内製化していたが，カシオはいっさい内製化をしておらず，最低限の機能と低価格で市場拡大をし，規模の経済（スケール・メリット）を狙った。これは「カシオ・ショック」と呼ばれた。

　これに対して，シャープは性能とコンセプトで差別化を図る必要があるとし，消費電力を低下させるための「液晶の実用化」と「薄型化」路線に向かった。これは「734プロジェクト」と称された。つまり1973年4月までに競争力のある電卓を開発するという意味であり，電卓の表示装置として世界で初めて液晶を採用した『エルシーメイト』が誕生した。それはCOS（Chip on Substrate：LSI，電源回路，表示部分を一枚のガラス板の上に集積する）技術によるものだった。これはLSIを内製化しているシャープの競争優位性となった。

　沼上幹教授は，シャープはカシオとのシーソーゲームのような激しい競争において，電卓を「要素技術の束（様々な部分から構成された1つのシステム）」として捉えて，その部品間の関係を変化させることで，新たな製品を発想できる「戦略スキーマ」を確立したと分析する（沼上 1999）。

　製品開発論では，シャープにとって電卓競争は商品の差別化という発想法の

具体的なモデルとなり，電卓事業の拡大によるLSIの自社生産の定着や，電卓の装置生産化のノウハウによる生産技術の向上につながったとされ，長期的な環境適応能力が培われたと評価される（嶋口・片平・竹内・石井編 1999）。

　その能力とは，液晶ディスプレイを電卓以外の製品開発にもレバレッジ（テコのように作用）していくというものである。例えば『電子システム手帳』は電卓での数字を文字（カタカナ，漢字）に進化させた商品であり，「拡電卓の系譜の概念」とも言われた（城島 1990）。このようにシャープは，液晶技術をコア・コンピタンスとして商品をアップグレードしていく戦略を採った。

　1970年代には，このアップグレード戦略のための組織体制も整えられた。1965年からATOM（アタック・チーム・オブ・マーケット）隊が決定されており，訪問販売やイベントを通じて，顧客の嗜好などが調査分析された。そうしたマーケットニーズとテクノロジーシーズを照合するために，本社で月に1度，総合技術会議（常務会に直結した組織）が開かれていた。

　この会議を通じて，ニーズはあるがシーズが無い。もしくはシーズはあるが市場が未開拓であると判断された場合には，迅速な開発を行うためにリソースを集中される組織的なデバイスが必要だったので，「緊急プロジェクトチーム（早期に事業化すべき商品や技術に1年～1年半で重点的に取り組んでいく特別な組織）」が結成された。これは1977から始まった制度で，毎年の研究開発費の3分の1ほどが10～15の緊急プロジェクトチームに割り当てられた。

　緊急プロジェクトチームは，通常の研究開発とは別に，研究所や各事業部から適した人材が集められる連合軍である。そのメンバーには，社長直轄の権限が与えられ，社長と同じ金バッチを付け，社内から自由に協力を求めることができた（通称「マルキン・プロジェクト」）。『電子システム手帳』（1987年）や『左右両開き冷蔵庫』（1988年）などは，このプロジェクトの産物であった。ナレッジマネジメント論では，このチームは他社にはない仕組みであり，「組織運用のソフトウェア」であると見なされる（紺野・野中 1995）。

（3）ドミナント・デザインの確立

　1986年，シャープの社長が佐伯旭から3代目の辻晴雄に変わった年，液晶の活用を組織として追求するために液晶事業部が設立され，技術本部にも液晶研

究室が新設された。この体制は，その翌年に3つの大きな成果を挙げた。

　1つめは，当時業界最高レベルの画素を持った3型カラー液晶テレビ『クリスタルトロン』。2つめは，目にやさしいペーパーホワイト画面の液晶を用いたワープロ。3つめが既述した『電子システム手帳』である。これらが「液晶のシャープ」というイメージを創出し，その後の『14型カラー液晶ディスプレイ』(1988年)，『100インチ液晶ビジョン』(1989年) で決定付いた。

　これらの商品は，液晶を軸に施された「ドミナント・デザイン (市場の支配を勝ち取ったデザイン)」を創出した。つまり，独自に導入したイノベーションによって創り出された新商品の形態として現れるのが，ドミナント・デザインである。同じ産業の将来における技術革新の発展に強い影響力を与えるという意味で支配的なのである。

　キーボードのQWERTY式やVTRのVHSシステムが代表的であるが，シャープの場合，それは壁掛けテレビ『液晶ミュージアム』(1991年)，ビデオカメラ『液晶ビューカム』(1992年)，液晶ペンコム『ザウルス』(1993年) に象徴された。

　『液晶ビューカム』は，先行するソニーのパスポート・サイズの8mmビデオカメラ『CCD-TR55』への差別化として，ムービーに回転式の液晶パネルを搭載した。コンセプトは，運動会などで母親がジーパンを汚さずに子どもの姿を片手で簡単に撮影できる「ママさんムービー」というものだった。デザインは，弁当箱のように装飾が一切ないシンプルなものになっていた。その後に発売された他社製品は，このデザインを追随した。

　早川徳次は「他社のマネではなく，他社にマネされるような商品を作れ」と常々言っていたが，『液晶ビューカム』は，まさにそうしたシャープのものづくり精神 (世の中にまだないモノを作り，それを広めていくこと) の宿った商品だった。

　『ザウルス』も初めての携帯情報端末 (PDA：Personal Digital Assistant) として，やはりその精神を継承する商品となった。キーデバイスを「電卓→電子システム手帳→PDA」という順にアップグレードしたことで，他社が模倣しにくい独自の商品開発力を形成したのである。

　技術は，①研究開発の知識，②工場経営の知識，③現在および推測できる製品やサービスの需要についての知識がリンクする制度的な過程 (インスティ

チューショナル・プロセス) であるとされる (Burns and Stalker 1961)。シャープは液晶の応用製品を探求する中で，そうした技術をコア・コンピタンスに結実していった。

　しかし，すでに見てきたようにコア・コンピタンスはマネジメント次第ではコア・リジディティとなってしまう。早川徳次がかつて言っていた次のような言葉を今一度かみしめて，シャープが今後どのようなビジネス再建を行っていくかを注視していく必要がある。

　「一つ新しい商品を創出して，それが売れて成功すると，それにいつまでもおぶさり，甘えてはいけない。すぐにより優れたものに改良するなり，新しい次の商品を考えるなりしなければ，いずれ経営に行きづまる恐れがある」(平野 2017, p. 361.)。

◆エクササイズ

① 自分の関心のある企業のコア・コンピタンスは何であるか，いくつか挙げてみよう。
② 本章で取り上げられたシャープの他に，企業のコア・コンピタンスがコア・リジディティになった事例を調べてみよう。
③ 自身の関心のある業界で，一番手利益を獲得した企業について調べてみよう。
④ 自身の関心のある業界で，残存者利益を獲得した企業について調べてみよう。

〔参考文献〕

伊丹敬之・加護野忠男・伊藤元重編 (1993)『リーディングス　日本の企業システム 2　組織と戦略』有斐閣。
紺野登・野中郁次郎 (1995)『知力経営——ダイナミックな競争力を創る』日本経済新聞社。
嶋口充輝・片平秀貴・竹内弘高・石井淳蔵編 (1999)『マーケティング革新の時代 2　製品開発革新』有斐閣。
シャープ株式会社 (1992)『誠意と創意　80年の歩み (1912〜1992)——シャープ株式会社80周年記念誌』シャープ。
城島明彦 (1990)『シャープ開発最前線——ヒット商品に挑む』世界文化社。
竹内弘高・榊原清則・加護野忠男・奥村昭博・野中郁次郎 (1986)『企業の自己革新——カオスと創造のマネジメント』中央公論社。
中田行彦 (2016)『シャープ「企業敗戦」の深層——大転換する日本のものづくり』イースト・

プレス。

中田行彦（2019）『シャープ再建——鴻海流　スピード経営と日本型リーダーシップ』啓文社書房。

日経エレクトロニクス編（1999）『挑戦』日経BP社。

日本経済新聞社編（1980）『私の履歴書　経済人6』日本経済新聞社。

日本経済新聞社編（2016）『シャープ崩壊——名門企業を壊したのは誰か』日本経済新聞出版社。

日本能率協会編（1986）『シャープの技術戦略——開発から生産までの全貌　独創的商品をめざす』日本能率協会。

沼上幹（1999）『液晶ディスプレイの技術革新史——行為連鎖システムとしての技術』白桃書房。

野口悠紀雄（2012）『日本式モノづくりの敗戦——なぜ米中企業に勝てなくなったのか』東洋経済新報社。

早川徳次（1958）『私と事業』衣食住社。

早川徳次（2005）『私の考え方』浪速社。

平野隆彰（2004）『シャープを創った男——早川徳次伝』日経BP社。

平野隆彰（2017）『シャープを創った男　早川徳次伝——合本復刻『わらく』』あうん社。

毎日新聞経済部（2016）『鴻海・郭台銘　シャープ改革の真実』毎日新聞出版。

町田勝彦（2008）『オンリーワンは創意である』文藝春秋。

湯之上隆（2013）『日本型モノづくりの敗北——零戦・半導体・テレビ』文藝春秋。

Burns, T. and Stalker, G. M. (1961) *The Management of Innovation*, Tavistock Publications.

Chandler, A. D. (1990) *Scale and Scope: The Dynamics of Industrial Capitalism*, Belknap Press.／安部悦生・川辺信雄・工藤章・西牟田祐二・日高千景・山口一臣訳（1993）『スケール・アンド・スコープ——経営力発展の国際比較』有斐閣。

Christensen, C. M. (1997) *The Innovator's Dilemma: When New Technologies Cause Great Firms to Fail*, Harvard Business School Press.／玉田俊平太監修，伊豆真弓訳（2001）『増補改訂版　イノベーションのジレンマ——技術革新が巨大企業を滅ぼすとき』翔泳社。

Collis, D. J. and Noda, T. (1993) "Sharp Corp: Technology Strategy," edited by Collis, D. J. and Montgomery, C. A. (1997) *Corporate Strategy*, Irwin.

Desai, M. A. (2019) *How Finance Works: The HBR Guide to Thinking Smart About the Numbers*, Harvard Business Review Press.／斎藤聖美訳（2020）『HOW FINANCE WORKS——ハーバード・ビジネススクール　ファイナンス講座』ダイヤモンド社。

Hamel, G. and Prahalad, C. K. (1994) *Competing for the Future*, Harvard Business School Press.／一條和夫訳（1995）『コア・コンピタンス経営——大競争時代を勝ち抜く戦略』日本経済新聞社。／一條和夫訳（2001）『コア・コンピタンス経営——未来への競争戦略』日本経済新聞社。

Leonard-Barton, D. (1992) "Core Capability and Core Rigidities: A Paradox in Managing New Product Development," *Strategic Management Journal*, no. 13.

Leonard-Barton, D. (1995) *Wellsprings of Knowledge: Building and Sustaining the Sources of Innovation*, Harvard Business School Press.／阿部孝太郎・田畑暁生訳（2001）『知識の源泉——イノベーションの構築と持続』ダイヤモンド社。

Lieberman, M. B. and Montgomery, D. B. (1988) "First-Mover Advantage," *Strategic Management Journal*, vol. 9.

Lieberman, M. B. and Montgomery, D. B. (1998) "First-Mover (Dis) advantages: Retrospective and Link with the Resource-Based View," *Strategic Management Journal*, vol. 19.

Nonaka, I. and Takeuchi, H. (1995) *The Knowledge-Creating Company: How Japanese Companies Create the Dynamics of Innovation*, Oxford University Press.／梅本勝博訳 (1996)『知識創造企業』東洋経済新報社。

Utterback, J. M. (1994) *Mastering the Dynamics of Innovation: How Companies Can Seize Opportunities in the Face of Technological Change*, Harvard Business School Press.／大津正和・小川進監訳 (1998)『イノベーション・ダイナミックス——事例から学ぶ技術戦略』有斐閣。

第**7**章

世界最大の小売企業に学ぶコスト・リーダーシップ戦略

〈キーワード〉

大量流通システム，セルフ・サービス，マーチャンダイジング・ドリブン，

クロス・ドッキング方式

1　ウォルマートの成長過程と捉え方

(1) ウォルマートの国際展開

　本書第1章で示したように，ウォルマートはアメリカという本国地域を主な活動拠点とする小売業となる。だが，長期にわたって「グローバル500」のトップの座に君臨しており，一般には「世界最大のリテールビジネス業者（グローバルリテーラー）」と評され，グローバルビジネスを学ぶ上で外すことのできない戦略的特徴と市場でのプレゼンス（存在感）を有している。

　ウォルマートは従業員者数においても世界一である。「グローバル500」2018年版のデータでは，ウォルマートは230万人とされる。2位が中国石油天然気集団（CNPC）147万人，3位が中国郵政95万人，4位が国家電網（ステートグリッド：中国の電力配送会社）92万人，5位が鴻海精密工業80万人となる。

　1986年にはヒラリー・クリントンがウォルマート初の女性役員となったり，1984年から1989年までは後にトイザらスを創設するチャールズ・ラザラスが役員を務めたりと人材の宝庫でもある。したがって，その戦略の立て方や創業者の経営哲学にアプローチすることは，多くの見付けがあると考えられる。

　とりわけ小売りは異文化の壁が大きく，海外展開が難しい業種の代表である。ウォルマート初の国外展開は1991年，メキシコだった。現地の大手小売りのシフラとの合弁事業から始めて，1997年に子会社化することで「ウォルマー

ト・デ・メキシコ」となった。メキシコではラップ包装した肉よりも，その場で切った肉を好むので，それに対応するなどして，国外展開の手本となっている。2018年にはメキシコとチリで買い物代行サービスを行うスタートアップ企業（コーナーショップ）を買収して，現地に根差すサービスをさらに追求している。

　2国目は1992年，プエリトリコへのディスカウントストア出店。3国目は1994年，カナダであり，ウールコ（ウールワースによるディスカウントストア）の122店舗を買収して進出した。カナダでは2020年にインターネット通販の強化のための巨額投資（5年間で35億カナダドル：約2,800億円）を投じる計画を打ち出している。

　ウォルマートは1993年に国際事業部を設立し，本格的に国外出店に取り組み出した。米誌『ニューズウィーク』は，同社の1990年代を「ゴー・ゴー・イヤーズ」と称した。グローバル化の鍵としたのは次の2点である。

① スーパーセンター（大型商品売り場を併設した店舗）での出店で「フレッシュ・アンド・ヒップ・マーチャンダイジング」を実現すること。
② ウォルマート・ウェイを基本にしつつ，現地の状況に応じたベスト・プラクティスを採り「ディス・ストア・イズ・ユア・ストア」と顧客に思われる品揃えにすること。

　これに沿う形で1995年には4・5国目となるアルゼンチンとブラジルにスーパーセンターを出店した。アルゼンチンは初めて100％出資による参入だった。ブラジルでは2010年代での店舗の立地条件の悪さや非効率な店舗運営といったものが，毎年の営業赤字を引き起こしたため，2018年に撤退した。

　このように，最初の5国は国境を接する国（カナダ，メキシコ）を含む北南米であり，生活文化も比較的近く店舗運営を行いやすく，売上高はその国のトップ・リテーラーになった。カナダではハドソンズ・ベイ，アルゼンチンではカルフールという競合相手がいたが，それらに対して，徹底した価格競争力（コスト・リーダーシップ戦略）で対抗したのである。

　1996年，6国目には中国がアジア初進出国として選ばれた。現地企業との合弁事業でスーパーセンターとサムズ・クラブ（会員制卸売り）を出店した。当初

は現地の嗜好（生鮮食品は青空市場で毎日購入するなど）をつかむ品揃えに苦戦したが，中国国内から仕入れた現地ブランド（缶詰など）を取り扱うといった工夫を続け，2018年の中国でのチェーンストア売上高では5位に位置付いた（前年比0.3％増）。

　1位は蘇寧易購集団（スニンディエンチー・グループ，家電量販店），2位は国美零售控股（グオメイリテール・ホールディングス，家電量販店），3位は華潤万家（チャイナリソーシズ・ヴァンガード，巨大モール），4位は大潤發（RTマート・ダールンファー，台湾のスーパーマーケット）であり，12位がカルフール（フランスのスーパーマーケット）であるので，外資系としては健闘している。

　1998年にはドイツと韓国（7・8国目）に進出したが，いずれも現地小売りが強く，高賃金や強い労働組合など経営環境が大きく異なることで苦戦が続き，本書第1章で述べたように撤退した。1999年にはイギリス（9国目）に225店舗を構える現地スーパーマーケットのアスダを67億ポンドで買収して進出した。

　参入当初は競合他社を上回る伸び率を実現したが，2010年代ではネット専業のオカドやドイツ系格安チェーンのリドルやアルディなどの台頭により，競争が激化し，売上げが伸び悩んだ。そこで2020年，不振市場からの撤退と成長市場（中国，インド）への投資強化の一環で，EGグループ（イギリスでガソリンスタンドなどを展開）の経営陣とTDRキャピタル（イギリスの投資会社）からなる企業連合に保有株の大半を売却する形で事実上撤退した（ウォルマートは少数株主となった）。

　そして，10国目の進出先となったのが日本市場である。それ以前（1990年代半ば）には提携関係にあったイトーヨーカ堂グループ店でスナック菓子やトマトケチャップなどを販売していたことがある。だが，スナック菓子は甘すぎて口に合わず，トマトケチャップは大きすぎて陳列棚に収まりきれないという問題があり，長くは続かなかった。

　日本は問屋が介在するチェーン・リテイリングという複雑な流通システムなので，新規に参入することは困難であると判断し，2002年に西友に出資する形で参入し，2008年に子会社とした（ウォルマート・ジャパン）。2012年には「みなさまのお墨付き」PBを展開し，2013年からはネットスーパー（SEIYUドットコム）を開始した。2015年では8億800万円，2016年では2億4,900万円，2017年

ではゼロ（収支トントン），2018年では6,600万円の赤字続きだったが，2019年12月期では4,900万円の黒字を計上した。

　イトーヨーカ堂とイオンの2強が存在する日本市場には，2000年にフランスからカルフールが進出したが2005年にイオンへと事業を売却した。イギリスからはテスコがシートゥーネットワークを買収する形で日本市場に参入したが2011年にやはりイオンへと売却することで撤退した。ウォルマートも日本小売業への売却検討が報道されることがあり，小売業にとって日本は難攻不落の市場となっている。

　そうした中，会員制倉庫型卸売りのコストコ・ホールセールは1999年に進出以来，27倉庫店（2020年時点）を構えている。イケアも一度は日本撤退をしているが，2006年に再上陸した後では堅調に店舗を展開している。ここに見るのは，日本においては生鮮食品より冷凍食品や家具・雑貨類の取り扱いのほうが有利であり，さらに郊外型立地の併せ技も有効になるという点である。また，ウォルマートがコンセプトとしていた「エブリデイ・ロープライス（毎日安売り）」を取り入れたオーケーストアのように，関東圏に限定した出店も功を奏すことが分かる。

（2）企業生態系で捉えるウォルマート

　ビジネス史において，大量生産（マス・プロダクション）システムを実現したのは「自動車王」と称されたヘンリー・フォード（フォード・モーター創設者）であるとされ，大量流通（マス・ディストリビューション）システムを実現したのがウォルマート創業者のサム・ウォルトンであるとされる。

　サム・ウォルトンは1986年，米誌『フィナンシャル・ワールド』の「CEO・オブ・ザ・イヤー」の金賞に選ばれ，1988年には「ナショナル・リテール・マーチャンツ・アソシエーション」の金賞にも選出された。1992年にはウォルマート本社講堂にて，当時のブッシュ大統領夫妻から自由勲章を授かった。その表彰状には「創意に富んだアメリカ人サム・ウォルトンは，企業家精神を具現化し，アメリカン・ドリームの鏡となった」と記されていた。

　一代で巨額の富を築き，1992年の逝去から30年近く経っているが，米誌『フォーブス』が公表する「世界長者番付（The World's Billionaires）」（2020年版）

では，8位〜10位にサム・ウォルトン一族がランクインするほどである。10位は長男のロブ・ウォルトン（541億ドル）で，1992年から2013年までウォルマートの会長職を務めた。9位は長女のアリス・ウォルトン（544億ドル）で，女性としては長者番付トップであり，エーモン・カーター美術館の理事を務める。8位にロブ・ウォルトンの弟のジム・ウォルトン（546億ドル）で，2008年から2013年にはアーヴェスト銀行のCEOを務めた。

ちなみに，本書で取り上げた企業では，6位にインディテックス（Zaraなど）創業者のアマンシオ・オルテガ（551億ドル），3位にLVMHのベルナール・アルノー取締役会長兼CEO（760億ドル）が入っている。1位はアマゾン創業者のジェフ・ベゾス（1,310億ドル），2位はマイクロソフト共同創業者のビル・ゲイツ（980億円）であった。

さて，サム・ウォルトンは，ウォルマートの歴史は，①競争への情熱（パッション）：次にはどこに出店し，どういった商品を売るかという前進する力，②伝統的な価値観（プリンシプルズ）：進んでリスクをとっていく姿勢，③一歩も譲らない信念（ビリービング）：理想に辿り着こうとする強い意志，という3つでできていると見なした。

それ以上にウォルマートの歴史は，どんな人であっても，機会と激励とやる気の3つが揃えば，何事も達成できることを証明しているという。これは，サム・ウォルトンが少年時代に所属していたフットボールチームで，全員で一丸となって1つの共通した目標に向かってトライしていくためのチームワークを学んだことによる。

この経験が，組織をいかに築き上げるかについてのメソッドを気付かせた。どこにでも居るようなタイプの人でも，チャンスを与えて励まし，やる気を引き出させることで，優秀なリテーラーに育つということである。

こうしたウォルマートの成長を企業生態系の観点から捉えたMoore（1993）によると，①誕生，②拡大，③リーダーシップという3段階を踏んで進化を遂げたとされる。

第1段階の誕生は1960年代にあたる。顧客が何を望んでいるかということに焦点を当て，価値提案を最も適切に示し，実行した。それが1ヵ所で商品を安く買うというワンストップショッピングとディスカウント販売であった。ま

た，出店に際してはライバル店のいない比較的人口の少ない町に進出して，競合店との立地競争を避けた。

　第2段階の拡大は1970年代から1980年代前半にあたる。顧客がその価値を認めるようなコンセプトと，それが広範な市場に浸透するポテンシャルがあることが求められる。それが「エブリデイ・ロープライス」というスローガンであった。

　現在では「セーブ・マネー，ベター・ライフ」に変更されたが，ウォルマートが拡大する際は「毎日安売り」は決定的なコンセプトであった。また，物流・情報システム（後述するクロス・ドッキング方式）を形成することで，店舗ごとの発注ができるようになり，店頭での在庫切れを生じさせないようになった。

　第3段階のリーダーシップは1980年代後半にあたる。競争優位を持続させるために，仕入れ先のメーカーとの安定した関係が必要であり，さらには自社がイニシアティブを採ることのできる交渉力が重要である。P&Gとの提携により，これが可能になった。

　この提携でのエピソードに，P&Gが交渉のために用意したホテルが高かったので，すぐさま半額のところに変更させ，その費用の半分をP&Gに支払わせたということがある。こうした先制攻撃が，その後のパワーバランス（ウォルマート優勢）を決定付けたともいわれる。

2　サム・ウォルトンの戦略思考

（1）販売促進を試したベン・フランクリン・ストア時代

　サムが生まれたウォルトン家では，家族の誰もが1ドルでも多く稼ぐために，できる限りのことを行っていた。特に父親からは「ワーク，ワーク，ワーク（働いて，働き抜くこと）」という教えを受けていた。サム自らも家計を助けるために働いたことで，1ドルが持つ大きな価値を知った。

　これはウォルマートの根幹に据えられる思想である。顧客は1ドルでも安く買いたいと思う。ウォルマートが1ドル無駄にする行動を取ることで，それが価格に影響する。だから，常に1ドルを節約するように心がけることが，長期的には他社との差が付くコスト・リーダーシップの本質となる。

　サム・ウォルトンが最初に入社したのは百貨店だった。1940年から1年半，管理者見習い（マネジメント・トレイニー）としてJ. C. ペニーアイオワ州デモイン店に勤務した（J. C. ペニーは2020年にコロナの影響を受けて経営破綻した）。そこで販売する楽しみを知り，リテーラーとして身を立てることを決意した。また，従業員をアソシエーツ（仲間）と呼ぶことや，現場を歩き回って現場の声を聴くということを学んだ。

　ライバル店のシアーズ・ローバック（2005年にKマートと合併し，2018年に経営破綻した）やヨンカーズにある競合店を頻繁に偵察し，他店の売り方も研究した。例えばパンストの棚の収納が少し大きなものを見つけると，棚を引き出して，どこのメーカーであるかを貼られてあるシールで確認し，それを自社にも取り寄せた。

　1945年には，バトラー・ブラザーズ（地元の小売業者）から，アーカンソー州西部ニューポートにあるベン・フランクリン（バラエティストア）を2万5,000ドルで買い取り，自らオーナーとなった。ニューポートはミシシッピ川のデルタ地帯にある綿花と鉄道の町で，人口は7,000人ほどだった。この町において，下着や洗濯用品，調理器具，日用雑貨などを取り扱う店を構え，月曜日から土曜日（後に日曜日に加えて土曜日も定休日とした）の朝9時から午後5時までベン・フランクリンのマニュアルに沿って営業した。

　ここで学んだことの1つに「ビート・イエスタディ（昨日に勝つ）」という会計手法がある。去年と今年の売上げを1日ごとに比較できるものであり，ウォルマートの最初の5〜6店舗には，このシステムを用いていた。

　ベン・フランクリンではマニュアル以外のことも試みられた。まずは販売促進計画（プロモーショナル・プログラム）として，自由な（オフビート）サプライヤーから直接，商品を大量に安く仕入れたのである。この場合の自由とは，高額なモノを少量売るよりは，その反対の薄利多売でのプライシングパワーのほうが収益も大きくなると考えることである。このディスカウント販売は顧客からの支持を受け，この地区でのトップ・パフォーマーとなった。

　サム・ウォルトンは，さらに次の販売促進（プロモーショナル・シング）を仕掛けた。ニューポートは，農場から市場へと買い物に行くような町であり，土曜日が最大のショッピング・デイになっていた。農家の家族が自動車で，ほぼ一

日がかりで各店舗（当時は生鮮食品と日用品が別の店で売られていた）を回って買い物をしていた。自分の店に顧客を長く滞在させるには、店主の人柄や商品の新しさ、低価格といった魅力が求められた。

　そこで、サム・ウォルトンは歩道にポップコーンの機械を置いて販売を始めた。さらにはソフトクリームの機械も横に並べて購買意欲を掻き立てたのだった。総じて、この店舗の売上げは1年で25万ドルあり、3〜4万ドルの収益を出した。アーカンソー州のベン・フランクリンの中では一番の営業成績を収めたのである。

（2）セルフ・サービスを始めたウォルトンズ時代

　1人前の商人（フル・フレッジッド・マーチャント）に成長したサム・ウォルトンは1950年、アーカンソー州北西部ベントンビルにウォルトンズ・ファイス・アンド・ダイムという自店を構えた。ベントンビルは人口3,000人の小さな田舎町である。ここには3階建ての倉庫のようなウォルマートの本社ビルがある（2024年までには1万4,000人以上が働く広大な新本社が完成する）。

　この町で、サム・ウォルトンは顧客とじっくりと向き合った。新しい蛍光灯を用いた照明器具を取り付けるなどの工夫を凝らしながら、オリジナルの店舗作りに励んだ。

　その中で、ミネソタ州のベン・フランクリンがセルフ・サービスを取り入れたことを知る。視察に向かったサム・ウォルトンが見たのは、店内の両側に棚があり、その最後にレジスターがあるレイアウトだった。顧客は、欲しい商品を自分で買い物かごに入れていき、レジでまとめて精算した。店員は顧客の様子を見て、場合に応じて声をかける程度だった。当時は顧客に店員が付いて買い物をするのが通常で、防犯上の理由もあり、顧客が精算前の商品を勝手に手に取ることはなかった。

　ウォルトンズでも、さっそくセルフ・サービスを取り入れた。近隣8州では初めてのセルフ・サービス店となった。この時には、初めての広告も地元新聞紙『ベントン・カウンティ・デモクラット』に打った。

　1952年にはベントンビルから24マイル離れたファイエットビルにも出店した。そこには、すでにF. W. ウールワース（百貨店）などの競合店が存在してい

た。サム・ウォルトンは，これにフル・セルフ・サービスを武器に挑み，店舗設計でも100％金属製の支柱（スタンダード）を用いて，違いを強調した。

　それに加えて，売りとなる商品が必要だと捉え，フラ・フープの販売を行った。当時，プラスチックのホースでできた純正品は高値であり，入手も困難だった。そこで，フラ・フープと同じサイズのホースを作ることのできるメーカーとの共同出資により，フラ・フープを製造した。PBの先駆けのような自家製のフラ・フープを大量に販売したのである。

　1950年代後半には，アーカンソー州やカンザス州に数店舗を展開した。1つの店舗での利益を次の出店に投資するという出店は，本書第**4**章で取り上げたヴァージングループの新事業展開と同じ手法である。

　ただし，1店舗当たりの取扱高はわずかなものであったので，より大きな見返りの得られるビジネスを模索した。その結果，ファミリーセンターという1店舗で年間200万ドルを超える売上げが見込める大型店舗を建設する発想に辿り着いた。これがウォルマート誕生につながった。

　サム・ウォルトンは，J. C. ペニーを退職した1942年からウォルマート1号店を出す1962年までの20年間を「草創期」と呼ぶ。その後の企業成長は，この20年間で行ってきたこと（先例の無いことに挑むこと。実験を重ねることなど）の成果（アウトグロース）と見なすのであった。

（3）マーチャンダイジング・ドリブンによる集客力強化

　1962年，アーカンソー州ロジャーズに窓も無い巨大なコンクリート・ブロック作りのウォルマート1号店ができた。看板には“W・A・L・M・A・R・T”という7文字と，基本理念とする“We Sell for Less（低価格で販売します）”，“Satisfaction Guaranteed（満足を保証します）”という2つのフレーズが記されていた。

　店内では洋服が金属のパイプに吊るされ，ほとんどの商品は台の上に山積みにされただけであったが，他店より20％安く商品が買えたので，顧客の反応は良かった（現在，この陳列方法は業務スーパーが採用している）。値引き売りは大都市以外では前例が無かった。ウォルマートは以後の出店では，まだ他社が進出していない小さな町にディスカウント店を開き，マーケット・エリアを少しず

つ埋めていく戦略を採った。

1962年は，ウォルマートの他にディスカウント店として，S. S. クレスゲがK
マートを，F. W. ウールワースがウールコ・チェーンを，デイトン・ハドソン
がターゲットを開店した。こうした競合相手との競争で，ウォルマートは試行
錯誤を続けた。1968年では，Kマートが250店舗で売上げが80億ドルを超えた
が，ウォルマートは19店舗で売上げは900万ドルと大差が付いた。

だが，いたずらに規模は追わず，価格を他店より低くする（レッド・ホット・
プライス）戦略を貫いた。センセーショナルな安さのイメージアイテム（目玉商
品）を新聞広告に載せ，店内ではそれを高く積み上げたり，天井から吊るした
りして，「お買い得感」にアクセントを付けた。

通路の端の陳列（エンド・キャップ）や，レジスター後ろの横の通路（アクショ
ン・アレイ）に商品を巧みに並べることで，日用品（エブリデイ・アイテム）の売
れ行きは見違えるほど伸びた。要するに，ディスプレイ次第で商品の売れ行き
は大きく変わるということを示したのである（現在では，コンビニレジ横の苺大福
効果に匹敵する）。

「目玉商品が1つでもあれば，顧客は店に足を運ぶ」と確信したサム・ウォ
ルトンは，これという商品を1つ選んではそれを大量に仕入れ，目立つディス
プレイを施していった。普段ならあまり売れないタイプの商品でも驚くほどに
売れたのである。これは，店内には売上げや利益に大きく貢献する商品が無数
にあるということを示していた。

このようにウォルマートは，店内に潜むアイテムに次々と光を当てていくと
いうマーチャンダイジング・ドリブン（商品企画中心）による成長を実現させた。

その頃は，出店する町に娯楽が少ないことから，店舗自体で楽しめるよう
に，カーニバルの雰囲気を有する店作りを行った。路上で大規模なセールを
行ったり，駐車場に楽隊とサーカスを配置したりした。

さらには，ムーンライト・マッドネス・セール（月夜の狂乱大売出し：閉店後
から深夜までの販売）や，ショッピング・カート・ビンゴ（カートに数字が付いて
いて，自分の番号がアナウンスされると，そのカートに何を入れても割引になること）
などを企画した。

初期のウォルマートでは，品揃えについての取り決めが無かったので，各店

舗でアンユージュアル・アイテム（少し変わった商品）が並ぶことも多かった。それでも「売れるのなら良し」とし，サム・ウォルトンは各店舗に毎週の売上げ報告の提出を求めた。その際に，ベスト・セリング・アイテム（一番売れている商品）を付記することが義務付けられた。その情報から売れ筋商品を理解した。現在でのビッグデータの活用に匹敵する情報収集である。

　また，土曜の朝という他社の本社機能が止まっている週末に，各店舗のマネジャーを本社に集めて反省会を開いた（「土曜の朝会議」と呼ばれた）。情報を共有して，各店舗の課題を明らかにし，週明けにはすぐに改善に取り組んだ。この毎週の地道な積み重ねに，次に挙げるような物流技術が加わることで，盤石な流通システムが完成した。

3　ウォルマートのコスト・リーダーシップ戦略

(1) クロス・ドッキング方式という物流体制の確立

　1960年代，コンピュータがビジネスツールとして使用できるようになった。ウォルマートは，流通（ディストリビューション）と通信（コミュニケーション）という課題をこれで解決しようと考えた。

　当時，社内ではシステマナイズされた流通手段がなく，各店舗のマネジャーがメーカーに商品を発注すると，それがいつともどこからともなくトラックで運びこまれていたという状態であった。また，各店舗は田舎町に立地していたので，店舗間で連絡を取り合い，商品の供給を円滑する要求も社内で高まっていた。

　1970年代にウォルマートは，このような店舗間のコミュニケーションシステムの整備と，昔気質な生産者直送スタイル（各店舗が直接メーカーに注文して，商品が一般の運送業者によって届けられる仕組み）を改めることを同時に行える制度を整えた。それがクロス・ドッキング方式である。

　各店舗からの注文を受けた商品が取引先から配送センターの一方（入荷ホーム）に搬入され，仕分けと再包装がなされた後に，配送センターのもう一方（出荷ホーム）へと施設（ドッグ）を通過（クロス）するというものである。

　配送センターに商品が在庫として保管される時間は極めて短く，基本的には

48時間以内に運ばれる。配送センター内の床には，そうした商品の入出庫がすばやくできるように，カート用の線路が敷かれた（引き網システム）。

1980年からは配送経路の「いま・どこ」に商品があるかを追跡できるように，バーコードスキャナーが用いられた。これにより，リード・タイム（発注から配送までに要する時間）は大幅に短縮され，商品の店舗現有率（イン・ストック・ポジション）は最大限に高まり，顧客は在庫切れを経験することなく，いつでもその商品を店頭で引き抜く（プルする）ことができた。

1977年にはコンピュータ・ネットワークが完成し，各店舗の販売データが瞬時に本社に送られるようになった。配送センターから店舗への商品補充も迅速に行えた。1978年では初めて完全に自動化された流通センターができた。1979年には販売と発注についての各種データ（各店舗各部門の日次販売データ，配送センターの在庫水準など）を大量に収集できるようになった。

こうした情報技術（IT）への先行投資は巨額になるので，容易には実行できないが，これを整えておくことで，後々の運営が見違えるほどスムーズになることをサム・ウォルトンは十分に理解していた。

これに関しては，エイブラハム・リンカーンの次の言葉が見事に言い表している。「6時間以内に1本の大木を切り倒せと言われたら，私なら，斧を研ぐのに最初の4時間を費やすだろう」。

さて，クロス・ドッキング方式を得たウォルマートは，2つの出店原則を持ちながら，成長路線を採った。1つは，コントロールの関係で，ベントンビルにある本社やエリア・マネジャーの目が届く範囲に店舗を建てること。もう1つは，配送センターからのトラックが1日の間で行って戻って来られる距離に店舗を建てること（ハブ・アンド・スポーツ型出店）であった。

付記すると，このクロス・ドッキング方式は，2005年にアメリカを襲ったカトリーナ・ハリケーンの際に，政府の救援活動よりも先に被災地に救援物資を効率的に供給することに大きく貢献した。地元の社員や店舗マネジャー，トラックドライバーなど「ふつうの人（ウォルマートの社員）」がヒーローとなり，有能さと温かさを持った連帯関係を示したと評された。

企業のケイパビリティ（能力）形成の点から捉えると，1970年代にはKマートとの違いが次のように鮮明に出ていた（Stalk, Evans and Shulman 1992／邦訳

2001）。

　まず，ウォルマートは自社トラック輸送部隊があったが，Kマートはトラック輸送業務を下請けに任せていた。また，Kマートは値札を読み込み，各種の販売情報を集めるレジスターの導入がウォルマートより約10年遅かった。Kマートの各店舗がオンラインでつながり，データベースが確立したのは1987年で，システムが完成したのは1990年だった。この年は皮肉にも，ウォルマートはKマートに代わり，全米トップのリテーラーの座に付いたときであった。

　Kマートには保守的なマネジャーが多く，最新の技術を活用することになかなか踏み切れなかった。システムが出来上がった後も，そのデータをマネジャーも社員も有効に使うことができなかった。「宝の持ち腐れ」状態になっていたことが，1962年創業組の明暗をくっきりと分けてしまった。

　1999年，ビル・ゲイツは「事実の力で経営しよう」と述べていた。事実とは情報技術を用いて得たデータのことである。そうした必要な情報を常に手元に置いている状態を「デジタル・ナーバス・システム（企業がその環境を認識して反応し，競争上の課題や顧客ニーズを感知し，タイムリーな反応ができるようにサポートする情報技術の仕組み）」と呼んだ（Gates 1999／邦訳 1999）。これが，まさにウォルマートとKマートの明暗を分けたものであるといえる。

　ビッグデータ時代となった現在では「アルゴリズミック・リーダー（自らの意思決定やマネジメントスタイル，創造的産物を機械化時代の複雑性に上手に適応させた人）」（Walsh 2018／邦訳 2020, p. 24.）が求められるが，サム・ウォルトンはその先駆者的存在であった。

　また，サム・ウォルトンは，立地については一貫して，都市部の進出は避けて，都市の外側を囲い込む形で出店することにこだわった。地代（レント：資産力と見なされる）の安い場所に出店し，やがてその町に人口が増え，都市化が浸透（サチュレーション）するのを待った。このように，競争を回避するルーラル（田舎）展開を，米誌『フォーブス』は「小さな池における大きな蛙の原理」と表現した。

　サム・ウォルトンは，自身で所有していた業務用の飛行機に乗り，上空から出店場所としてふさわしいところを探した。交通の流れを捉え，都市化がどういった方向で進みつつあるのかを確認したのだった。1970年代の出店は，そう

したサム・ウォルトンの未来を見据えた眼差しで捉えられ，陽光地帯（サンベルト）の小さな町を中心に展開された。

1970年に32店舗，売上げ3,100万ドル，利益120万ドルだったのが，1980年には276店舗，売上げ10億ドル，利益4,100万ドルにまで増した。1976年，サム・ウォルトンは「5年のうちにいまの売上げ（3億4,030万ドル）を3倍にする」と公言したが，その「10億ドル宣言」は1年早い1980年に達成された。

（2）サプライチェーン・マネジメントの整備

1980年代，多くのリテーラーは事業の多角化に乗り出した。例えばシアーズ・ローバックは「小売業からの脱却」を掲げ，保険や金融サービス，証券，不動産などに参入し，それらの部門を店舗部門（マーチャンダイジング）と対等な位置に据えた。一方でウォルマートは，そうした多角化には目を向けず，リテールビジネスにリソースを集中させた。

とりわけ小売りの新業態への展開をなし，1983年に現金持ち帰り（キャッシュ＆キャリー）の会員制卸売りのウェアハウス・クラブとなるサムズ・クラブを開き，創業から4年で先行していたプライス・クラブの売上げを抜いた。

また，1988年には国外展開の主力フォーマットとなるスーパーセンターを開いた。「トマトからタイヤまで」というスローガンをした，ディスカウント店に食品売り場を併合した大型店舗であり，預金の引き出しや自動車のオイル交換などもできた。

1987年からはP&Gと製販同盟を結び，メーカーとリテーラーのパートナーシップを強めた。それまでのP&Gは，自社ブランドの強さゆえに，陳列スペースの拡大をリテーラーに強いていた。しかしウォルマートは，その圧力に屈することなく，逆にP&G製品は置かないと言い返したり，わざと見栄えの良くない場所に商品を置いたりすることで抵抗した。だが，次第にお互いの強みが魅力的であることが分かり出したので，ITの活用に基づく情報共有がなされた。

1989年から両社へのEDI（エレクトロニック・データ・インターチェンジ：電子データ交換）をリンケージさせ，P&Gはウォルマートの各店舗での自社商品データ（売上げ，在庫，価格など）を衛星通信でいつでも入手できた。それをもとに出荷数を決め，納品できるので，無駄のない在庫管理が実現した。

　これは，販売データの共有によって生産量や在庫水準の最適化を図るという
意味で，サプライチェーン・マネジメントであった。提携により，サプライサ
イドをつなげることで，より効果的な低価格を追求できた。

　このように，メーカーとリテーラーが信頼し合いながら，共同で事業を進め
ることで，メーカーは当面先までのニーズを把握して柔軟な製造と商品の供給
を行える。リテーラーもコストとリスクを大きく低減でき，販売機会のロスを
減らすことができる。これは最終的に顧客に「1ドルの価値」をもたらすので
ある。

　その後，ウォルマートは製販同盟を結ぶ企業間で，リテール・リンク（リテー
ラーズ・エクスチェンジ）というインターネット上でのクローズドな情報システ
ムを構築した。サプライヤー各社とのパートナーリンクを進めつつ，情報を共
有し，CPFR（Collaborative Planning, Forecasting and Replenishment：協働で販売計
画と販売予測をし，店舗に過量をタイミング良く商品補充すること）を行うというも
のである。

　その中で，ウォルマートが情報を蓄積するデータウェアハウスは，ナレッジ
コロニー（知識の集落）の役割を担う。ナレッジベースのカテゴリーマネジメン
ト（カテゴリー単位で商品構成を決定して，陳列スペースの配分や販売価格を設定する
こと）が顧客満足を向上させる。

　また，1983年には自社の人工衛星を打ち上げ，通信ネットワークを構築し
た。衛星通信はバイヤーと店舗をつなげ，クレジットカードでの販売を処理
し，トラックの走行位置を本社に伝えることなどを可能にした。

　これにより，1988年では従業員1人当たりの売上げ平均は10万3,000ドルと，
Kマートの8万2,000ドルを上回った。1988年には全店舗の全てのレジスター
にスキャナーPOSが導入され，目玉商品の1時間ごとの販売実績が本部に集
められた。

　以上に見てきたようなウォルマートは，ビジョナリーカンパニー（未来志向
企業）の進化過程である「準備から突破への弾み車」のパターンを辿ると見なさ
れる（Collins 2001／邦訳 2001）。弾み車は，最初は動いているのかどうかも分か
らないほどゆっくりとしか動かない。しかし，押し続けているとやがて勢いが
付き，その回転が次第に速さを増す。すると今度は，弾み車の重さが有利に働

き，容易には止まらなくなる。ウォルマートの成長過程は，まさにこの弾み車をなぞるものであったということである。

　ベン・フランクリン・ストアからウォルトンズまでに5年かかっており，ウォルマートが32の店舗を持つまでには四半世紀を費やした。サム・ウォルトンは少しずつ重い弾み車を押し，突破までの準備を進め，クロス・ドッキング方式で勢いを付け，リテール・リンクで突破に加速度を付けた。出店数も1990年代に一気に拡大した（1990年1,528店舗，2000年3,151店舗）。

　ビジョナリーカンパニーは「基本理念というコアを維持し，進歩を促す」ことを基本過程とする。ディスカウントという基軸から離れずに，ニーズに応じた業態やサービスをそのつど提供してきたウォルマートのコンセプトそのものを示している。サム・ウォルトンの最高傑作（マスターピース）がウォルマートという「新しい小売りの形態を大規模に，世界中のどの会社よりも見事に実現できる企業」だったのである（Collins and Porras 1994／邦訳 1995）。

◆エクササイズ

① 中国市場におけるウォルマートの最近の取り組みについて調べてみよう。
② 日本市場におけるウォルマート（西友）の最近の取り組みについて調べてみよう。
③ 日本の小売業界における最近のトピックスには何があるか調べてみよう。
④ 自身の関心のある企業を「企業生態系の3段階」に分けて捉えてみよう。

〔参考文献〕

西山和宏（2002）『ウォルマートの真実——最強のIT　最大の顧客満足』ダイヤモンド社。
Collins, J. C. and Porras, J. I. (1994) *Built to Last: Successful Habits of Visionary Companies*, Curtis Brown.／山岡洋一訳（1995）『ビジョナリーカンパニー　時代を超える生存の原則』日経BP出版センター。
Collins, J. C. (2001) *Good to Great: Why Some Companies Make the Leap...and Other Don't*, Curtis Brown.／山岡洋一訳（2001）『ビジョナリーカンパニー2　飛躍の法則』日経BP社。
Gates, B. (1999) *Business@the Speed of Thought: Using a Digital Nervous System*, Grand Central Publishing.／大原進訳（1999）『思考スピードの経営——デジタル経営教本』日本経済新聞社。
Lichtenstein, N. (2006) *Wal-Mart: The Face of Twenty-First-Century Capitalism*, The New

Press.

Lichtenstein, N.（2010）*The Retail Revolution: How Wal-Mart Created a Brave New World of Business*, Picador.／佐々木洋訳（2014）『グローバル企業の前衛　ウォルマートはなぜ，世界最強企業になれたのか』金曜日。

Moore, J. F.（1993）"Predators and Prey: A New Ecology of Competition," *Harvard Business Review*, May-June.／Diamond ハーバード・ビジネス・レビュー編集部訳（2001）「企業「生態系」四つの発展段階」タプスコット，ドン編『ネットワーク戦略論』ダイヤモンド社。

Ortega, B.（1998）*In Sam We Trust: The Untold Story of Sam Walton and How Wal-Mart is Devouring America*, Times Business.／長谷川真実訳（2000）『ウォルマート──世界最強流通業の光と影』日経BP社。

Soderquist, D.（2005）*The Wal-Mart Way: The Inside Story of the Success of the World's Largest Company*, Thomas Nelson Inc.／徳岡晃一郎・金山亮訳（2012）『ウォルマートの成功哲学──企業カルチャーの力』ダイヤモンド社。

Stalk, G., Evans, P. and Shulman, L. E.（1992）"Competing on Capabilities: The New Rules of Corporate Strategy," *Harvard Business Review*, March-April.／Diamond ハーバード・ビジネス・レビュー編集部訳（2001）「ケイパビリティに基づく経営戦略」, Harvard Business Review 編『経営戦略論』ダイヤモンド社，第 1 章所収。

Trimble, V. H.（1990）*Sam Walton: The Inside Story of America's Richest Man*, A Dutton Book.／棚橋志行訳（1991）『サム・ウォルトン──シアーズを抜き去ったウォルマートの創業者』NTT出版。

Walsh, M.（2018）*The Algorithmic Leader: How to Be Smart When Machines Are Smarter Than You*, Page Two Books.／松本剛監訳，KPMG ジャパン訳（2020）『アルゴリズミック・リーダー──破壊的革新の時代のマネジメント』日本経済新聞出版本部。

Walton, S. with Huey, J.（1992）*Sam Walton, Made in America: My Story*, Doubleday.／竹内宏監修（1992）『ローブライス　エブリデイ』同文書院インターナショナル。／渥美俊一・桜井多恵子監訳（2002）『私のウォルマート商法──すべて小さく考えよ』講談社。

第8章

航空会社に見る人材活用戦略

〈キーワード〉

エンプティ・コア，個を活かす企業，アクション・バイアス，

ハブ・アンド・スポーク・システム

1 個を活かす企業のアクション・バイアス

　航空業界をグローバルビジネスの視点で捉えようとすると，実に不可解な存在 (エニグマ) である。その事業運営が最もインターナショナルである一方で，所有や管理の面では極めてナショナルあるいはドメスティックな産業だからである (Doganis 2006, p. 27.)。また，新しい技術が次々に採用され，導入される一方で，複雑で時代遅れの経済的規制にしばられており，ダイナミックな成長を遂げても，収益性はごくわずかであるという矛盾を抱える業界でもある。

　何より，戦略論の見地からすると，持続的な競争優位を確立できない産業構造になっている。フライト時間で自社のほうが圧倒的に早く着くという点での差別化はできないので，機内でのおもてなしサービス (快適なシート，機内食など) や機体のペインティング (キャラクターなど) といったもので違いを出すが，それらはすぐに他社にマネされてしまう。

　要するに，ビジネスに中核とできる部分が無いのである。これは「エンプティ・コア」と呼ばれる。したがって，自社への顧客の囲い込みには，ポイント制でマイルを貯めるという形での競争になってしまう。

　こうした航空業界の特質はウォルマートのような小売業と同じく，そのイメージ形成が，社員が現場で顧客と接した際の自己判断 (フォーマットに従いつつ，アドリブをとる対応) に基づいていることである。現在でいうところの

ティール組織やホラクラシー（理想とされる組織のあり方を示す概念）を最も観察できる業界である。航空業界には，このように人材を組織としていかに活用できるかという点を学ぶエッセンスが詰まっている。

　現代企業論では「1つの問題，もしくは1組の関連した問題を重点的に取り扱うグループの意思決定の努力を調和させるようにデザインされた構造」として企業が捉えられる（Casson 1997, p. 79./邦訳 2002, p. 86.）。そうした組織をまとめ上げるには，①知識（インテレクチャル），②仕事の成果（ソーシャル），③仕事の意味（エモーショナル）という3つの統合が欠かせない（Ghoshal and Gratton 2003, p. 539.）。

　この3つの統合を首尾良く行うことができた企業として，コンチネンタル航空が挙げられる（Bethune and Huler 1998／邦訳 1998）。1994年，業績の低迷した同社には，ボーイング社の役員を務めていたゴードン・ベスーンがトップに就いた（2004年に退社後，アロハ航空の親会社アロハエアグループ会長に就任。アロハ航空は2008年，経営破綻した）。

　その時のコンチネンタル航空は，次に挙げるように危機的状態にあった。

① 1994年までの数年間，定時到着率（15分以内なら定時到着）は上位10社のうち，いつも最下位だった（DOT：USデパートメント・オブ・トランスポーテーション（アメリカ運輸省）調べ）。
② 乗客1,000人当たりの手荷物紛失個数は最悪だった。
③ 乗客10万人当たりの苦情数は，どの航空会社よりも多かった。
④ 出発前に搭乗ゲートにいたのに，オーバーブッキングなどの事情で予約した便に乗ることができなかった旅客数は，最悪ではないが常に上位にいた。

　こうした状況下で，社員は自社を誇りには思えず，そこで働いていることを恥ずかしく感じていた。1994年，毎月5,500万ドルの損失を出し，CEOは10年間で10人替わっていた。

　そうしたコンチネンタル航空のトップに立ったゴードン・ベスーンは，前進計画（ゴー・フォワード・プラン）を打ち出し，何よりも「本物の航空会社として

振る舞うこと（アクティング・ライク・ア・リアル・エアライン）」を最大の目標とし，運航スケジュールの厳守を徹底することに的を絞った。航空会社は空輸事業であり，その商品は乗客や貨物の到着である（Eaton 2001, p. 109.）。この基軸を全うすることに全力を挙げたのである。

　1997年，J. D. パワー＆アソシエーツの調査では，定時運行が顧客満足の22％を占めており，他の項目で15％以上のものはなかったので，定時運行の徹底は的を射た指示である。

　これを実現させるべく，航空ビジネスの基本である「定時到着率」がトップ5に入った月には，全社員に65ドルのボーナスを支給することを公約し，社員のモチベーションを高めた。ここでの要諦は，パイロットや客室乗務員，ゲート係，手荷物係，ダイヤ作成者，整備員だけでなく，電話の受け答えをするチケット予約係といったスタッフにも，定時運行の分け前として一律65ドルが与えられたという点である。

　なぜ65ドルかというと，従業員数の4万人をかけると約250万ドルとなる。定時に到着できなかった場合のロス・コスト（接続便に乗り損なった乗客への宿泊代や食事代の手当て，他社便への振替などにかかる費用）は，月に約500万ドルは要する。つまり，定時運行が達成できた場合に支払う250万ドルのほうが，ロス・コストの半額で済むのである。月に250万ドルを追加出費するだけで，顧客が最も満足することを果たせられることは，まさに一挙両得を地で行くものであった。

　定時到着率が5位以内に入ると，公約通り全社員にボーナスが支給された。これが何度も繰り返され，何ヵ月か良好な状態が続くと，達成しないと気が済まないムードになる。ボーナスが出なかった月には，なぜ達成できなかったのか，その理由について考え出す。ごく一部の者だけではなく，全社員の関心ごとになる。組織全体に常勝をめざす雰囲気が漂い始める。これについて，ゴードン・ベスーンは次のように語っていた。

　「時計は何十，何百という部品が見事に力を合わせてできていて，その持ち主に，正確な時刻を知らせるという価値を作り出している。どの部品も，この価値創造には欠かせない。部品のどこか1つでも壊れたら，時計という機能は失われる。針や文字盤のみならず，脱進機や主ゼンマイを止めている小さなネ

ジが1つ外れただけでも，時計は役に立たなくなってしまう。つまり不必要な部品など，何1つとしてないのである」。

『熱狂する社員』(2006) では，仕事のモチベーションにおける3要素は，①公平感 (エクイティ)，②達成感 (アチーブメント)，③連帯感 (キャラマダリ) とされる。権限を委譲しながら，指示を明確に行うことで，チームは結果を最大化できるとされる。自主管理 (セルフ・マネージド) というよりも，自主指揮 (セルフ・レッド) がなされるのである。

これを実践で示したのが，コンチネンタル航空の定時到着の取り組みだった。1995年，さっそく効果は出て，2月に業界平均79%のところ，80%で4位に入った。3月は83%となり，創業以来，初めて1位になった。報酬や称賛が「情動の反応 (アフェクティブ・フィードバック)」となって，その後において定時到着率は毎月5位内に入り続けた。

これとともに，手荷物紛失個数や苦情の件数も減り始めて，常に上位に留まるようになった。オーバーブッキングの生じた際にも，それまでの対応は規則に従うだけのそっけないものだったが，思いやりのある臨機応変的なものに変わった。

以前では最悪だった4項目 (定時到着率，手荷物紛失率，苦情件数の割合，搭乗を拒否された旅客機の割合) が，いずれも3位以内に入るようになり，まさに「フロム・ワースト・トゥ・ファースト (最悪から最高へ)」状態となった。

定時で到着するようになると，離れていたビジネス客が戻ってきた。1994年，ビジネス客の割合は32.2%だったが，1996年では42.8%にまで高まった。1994年までの10年間に利益の出なかった会社が，1994年には2億400万ドルの損失から一転して，1995年には2億2,400万ドルの利益を上げ，1996年には5億5,600万ドルまで増やした。

社員に関する数値にも改善が見られ，賃金は平均25%上がり，病欠日数は29%下がった。離職率は45%下がり，労災補償額は51%下がった。労災事故は54%下がり，以前の半分以下となった。

特にコンチネンタル航空のロゴ入りグッズの社内売上げが400%伸びたことは，愛社精神が芽生えたことを示した。社員同士が信頼し合えない空気感に覆われ，それが離発着の遅れや手荷物の紛失につながっていた会社が，このよう

に共通の分かりやすい目標を持つことで，見違えるように変わったのである。

　社員が気持ちを1つにして（エモーショナル），定時運行のための知恵を出し合い（インテレクチャル），その仕事の成果をかみしめ合うこと（ソーシャル）ができる組織風土ができあがったということである。組織が一丸となり，業績悪化という危機の克服に立ち向かうという「龍退治（スレイング・ザ・ドラゴン）」を行い，定時運行率を高めるという目標を達成するという「王女獲得（ウィニング・ザ・プリンセス）」を果たしたのだった。

　肝心なことは，「場の香り（スメル・オブ・ザ・プレイス）」が変化することにある。経営者とは「一般的な方法で会社に価値を付加することを期待される者」である（Bartlett and Ghoshal 2003, p. 814.）。これは，まさにゴードン・ベスーンを言い表す定義となる。

　彼が経営改革で活用したのは，人（ピープル）だった。人というものは，置かれた環境で行動様式は変わる。場の香りがポジティブなものになれば，自ずと責任感を持って規律正しくなり，協調的に振る舞うようになる。そこで自分の価値が認められるようになると，モチベーションが増す。

　「事業は人なり（ビジネス・イズ・ピープル）」ということが，ゴードン・ベスーンの信条であった。人の働きが，そのまま企業の競争優位につながる。そこで肝心なことは「正しいことを測定して，正しい人に報いること」となる。コンチネンタル航空は，全社員の意欲を高めるような空気感を創出し，業績を回復させた。そのように，優れた場の香りを有する企業は「個を活かす企業（インディビジュアライズド・コーポレーション）」と呼ばれる。

　個を活かす企業の経営者は「忙しいふりをして，何もしていないこと（ビジー・アイドルネス）」を克服する。つまり，アクティブ・ノンアクション（多忙なだけで，目的意識を持って行動していない状態）を駆逐し，アクション・バイアス（行動への飽くなき姿勢）を示すのである。たいていの経営者は，自身が何をなすべきかを知っているが，それを実行できない。ほとんどの時間が会議やメール・電話対応に費やされるからである。

　経営者に，こうした「知っていること」と「実行すること」の食い違い（ノウイング・ドウイング・ギャップ）があると，その企業は個を活かしにくい。個を活かすには，エネルギーと集中が求められる。この場合のエネルギーとは，自

分が駆けているものが大きい時に，途方もなく強大な力を発揮させる感情的な粘り強さのことである。集中とは，そのエネルギーを特定の結果に向けることである。

この2つが備わっている経営者には，意志力（ウィルパワー）がある。意志力は，ルビコン川を渡った者に備わるものである（Bruch and Ghoshal 2004／邦訳 2005）。ルビコン川とは，紀元前49年に軍隊を率いたユリウス・カエサルが「賽は投げられた（alea iacta est：the die is cast）」として，ローマの支配者ポンペイウスに対して事実上の宣戦布告をするために渡った川である。

ルビコン川を渡ると引き返すことはできず，勝利か敗北かのどちらかしかない。ひとたび渡ったなら，ローマをめざして突き進むのみである。その姿こそ，アクション・バイアスである。

2　大手企業に対する間接攻撃

ある会社で行われた採用試験を紹介しよう。何らかの理由を付けて，わざと開始時間を遅らせる。急きょ生じた待ち時間をつなぐために「どなたか歌を歌ってくれませんか」と担当者はお願いをする。こうした場合，受験者の中で1人は歌う者が出てくる。この歌った人が採用されると思われるが，そうではない。歌う人は素人なので，歌は上手いとはいえない。それでも，その歌に合わせてノリを示し，嫌な顔をせずに聴ける人を採用するのである。それは，楽しく，明るく，人がいいスタッフが欲しいからである。

これは，サウスウエスト航空の採用試験だった。同社は，かつてビッグ・シックス（アメリカン，ユナイテッド，デルタ，ノースウエスト，コンチネンタル，USエアウェイズ）と呼ばれた大手には入らない格安の航空会社である。

サウスウエスト航空はテキサス州を拠点とし，国際線は運航しておらず（日本の空港には発着していないので），日本での知名度はほとんどないが，専門誌などでは「アメリカ最優良航空会社」「世界で最も安全な航空会社」「世界最強のLCC（ローコスト・キャリア）」などと絶賛される。

1978年，航空業界での自由化（路線や運賃を自社で設定できること）が始まり，それ以降ではビッグ・シックスの存在感が高まり続けた。アメリカでのパッセ

ンジャー・マイルにおけるビッグ・シックスの占有率は1978年の72％から1987年では83％にまで増えていた（Doganis 2006, p. 74.）。

　規制緩和で，格安運賃を武器にしたLCCの新規参入が相次いだが，それを阻むように，ビッグ・シックスが運賃の大幅な値下げを実施して，クリティカル・マス（揺るぎない位置を占める取扱量）を獲得していたのである。

　ビッグ・シックスの戦略は，複数のハブ（拠点）で各都市を結んで，乗客の乗り換え時間を短くする「ハブ・アンド・スポーク・システム（拠点の大都市を経由する方式）」である。自転車の車輪のような形をしており，ウォルマートの流通システム（倉庫を中心にトラックが1日で往来できる距離に出店すること）の図式と等しい。

　ハブ・アンド・スポーク・システムでは接続ポイントが多数あるので，トランジットでほとんどの都市に行くことができる。ただし，乗り継ぎを何度もしなければならないため，人件費や燃料費がLCCよりも余計にかかる高コスト構造になっている。燃料費の高騰や昨今のコロナ禍という環境の変化に大きな影響を受けてしまう。

　こうした大手に対してサウスウエスト航空は，ハブを持たずに（ノンハブで），リニア型の経路を低運賃でフライトする戦略を採った（現在では他社と協同でハブ・エアポートも展開する）。このように航空業界では，ハブ・アンド・スポークでネットワークを張るか，ポイント・トゥ・ポイント（A地点からB地点まで）を低コストで結ぶかという2つのアプローチがある。

　サウスウエスト航空は，ビッグ・シックスのネットワーク支配に対して唯一，意味のある自由市場的な反応をなした（Ben-Yosef 2005, p. 16.）。同社のローコスト体制が経営環境の変化に対してネットワーク型よりも強いことが示されたのが，2011年9月11日の同時多発テロ後での業績だった。

　2002年最初の四半期で，ビッグ・シックスの純収益は全社赤字を記録した（Grant 2003, p. 29.）。アメリカン航空5億7,500万ドル，ユナイテッド航空5億1,000万ドル，デルタ航空3億5,400万ドル，ノースウエスト航空1億7,100万ドル，コンチネンタル航空1億6,600万ドル，USエアウェイズ2億6,900万ドルの赤字であった一方で，サウスウエスト航空は2,100万ドルの黒字を出した。その路線構造（ポイント・トゥ・ポイント）が成功を決定付けたのである（Dranove and Marciano 2005, p. 211.)。

　このビジネスモデルは，多くのビジネススクールのケーススタディで取り上げられてきた。サウスウエスト航空は，一貫して明確な目的 (収益を挙げること) を持ち，十分に考え抜かれた戦略 (全ての社員に仕事への安心感を与えること。より多くの人が利用できるようにすること) を採ってきたと評される (Shah and Sterrett 2003, p. 13.)。

　サウスウエスト航空がアメリカ運輸省の月例報告において，①定時発着の評価が最高，②乗客からの苦情が最小，③ 1 ヵ月当たりの荷物紛失件数が最小という 3 項目全てで，初めて 1 位になったのは1988年 5 月のときだった。この三冠王 (トリプルクラウン) を獲得できたのは，同社の知的業務 (インテレクチャル・エクササイズ) と感情的業務 (エモーショナル・エクササイズ) それぞれによるアクション・バイアスによるものであった。

　こう捉えるのは「経営のグル (指導者)」と呼ばれるビジネス・コンサルタントのトム・ピーターズである。その評価は「空の旅での地上最大のショー」を演出しているというものだった。知的業務とは，フライト中での規則の伝達などであり，感情的業務とは，乗客が楽しくフライトできるために行われるおもてなしのことである。

　ここでまず，サウスウエスト航空の事業について説明すると，限定した短距離航路の直行便 (ヒューストン-サンアントニオ，サンノゼ-オレンジ・カウンティなど) をビジネスマン中心に格安運賃で提供する。多くのビジネスマンは，650キロほど離れた 2 都市間を 1 時間程度で移動したいと思っている。このニーズに，低価格・路線の多さ・便数の多さで対応したのである。

　このように着想したのは1966年，銀行家のジョン・パーカーだった。仕事のためにヒューストン，サンアントニオ，ダラスへの往来を頻繁にしていたことから，州内運行航空会社 (イントラステート・エアライン) の設立を望んだことによる。その思い付き (ブレインチャイルド) をサンアントニオで通勤用の航空サービスをしていた企業家のロリン・キングに告げたところ「テキサス州内 3 都市間で大型飛行機をフライトさせる」というアイデアにまとまり，それを自社の法律顧問であるハーブ・ケレハーに持ちかけたのだった。

　当時，この 3 都市は経済発展が期待されており，人口も増えていた。しか

し，バスや自動車で往復するには距離が離れすぎていたので，飛行機のニーズが見込まれた。実際，1971年に始めたヒューストン–ダラス間の低運賃フライトには乗客が殺到した。他社が同路線を27〜28ドル取っていたのを20ドルに設定した。

　模倣会社（ブラウニ航空）も現れたが，低運賃に加えてオンタイム飛行やチケットカウンターでの迅速な対応で差を付けた。さらには時間帯によって運賃を変動させる「二段階運賃体系（two-tier fare system）」を採り，ビジネスマン対象のピーク時には26ドルの「エグゼクティブ・クラス」に値上げする代わりに，オフピーク時（平日午後7時以降および土曜・日曜）には13ドルの「プレジャー・クラス」とした。この制度を利用するレジャー客は多く，1席分の料金は安いが，空席が少ない便が増えたので，収益性は上がった。

　他にも，ピープル・エクスプレス航空やアメリカウエスト航空などが，サウスウエスト航空のビジネスモデルを模倣して参入したが，ローコストの徹底的追求という精神までは写し取ることができず，ジャンボジェット機に手を拡げたり，長距離路線に乗り出したりして，ビッグ・シックスとの直接競争をしたことで，経営は長続きしなかった。「基軸から離れずに，進歩を促すこと」ができなかったのである。現在ではジェットブルーエアウエイズが唯一，この点を熟知し，サウスウエスト航空と互角に競争を繰り広げている。

　総じて，サウスウエスト航空はビッグ・シックスが幅を利かせている大規模なハブ空港で直接戦うことは避け，大都市から少し離れたところの小規模な空港を拠点とする戦略を採った。これは，大手に対する間接攻撃（弱者の戦略とも呼ばれる）であった。軍事史家のハートは，間接攻撃は最も有望で経済的な戦略の形と見なした。敵が生来的ないし実質的に強い立場にある場合に，正面攻撃をするのは指導者として失格である（Hart 1967, p. 145.／邦訳 1986）。

　間接攻撃を行うサウスウエスト航空の航空機1機が1日に飛行する時間は約11.5時間で，業界平均の8.6時間より長い。ターン・アラウンド（着陸から次の離陸までの折り返し）時間が15〜20分程度なのである。

　この短さは設立当初に，旅客機がターミナルにいる時間（ゲートに入って約140人の乗客を降ろして，次の乗客を乗せてゲートから出る時間）を10分間にすることを試みた「やればできる（サムスン電子に見るハミョン・テンダに通じる）精神」か

ら実現した。飛行機がゲートに着くとすぐさま，地上要員が一斉に駆け寄る光景は，F1のピットクルーさながらである。こうしたクイックリターンには，次の3つの要因も大きかった。

① 飛行機の機種を1つに絞る：サウスウエスト航空が購入していた航空機はボーイング737型だけである。2019年現在でも同型を754機保有している（最も多く737型を有する航空会社である）。機種が限定されると，パイロット，客室乗務員，整備士，食事補給係はボーイング737型だけを知り尽くせばよいので，訓練がしやすい。

② 座席予約を止めて全席自由にする：座席を割り当てないことで，乗客は自分の席を探す手間が無くなり，空いている席にすばやく座ればよい。このことで，搭乗時間が短縮できる。

③ 機内食は出さない：平均して1時間ほどのフライトなので，スナック（ピーナッツ）を配るだけにした。このことで機内食用の調理設備がいらなくなり，その分のスペースを座席にすることができた。カートを使用しないので，客室の通路を歩く乗客の邪魔をすることもなくなった。コーヒーとパン（コンチネンタル形式）の提供は，ゲートエリアで用意した。これはサウスウエスト航空が最初に始めたサービスである。これにより，機内での掃除が非常に簡単になった。

　特筆すべきは，サウスウエスト航空の成功は，あらゆる面でシンプルにしていくこと（prosaic ingredients：平凡な成分要素）からもたらされたという点である。操業を簡単なものにして，ローコストを維持し，アイドリングタイムをなくし，効率性を追求した。そうしたノーフリル（飾り気の無さ）が，同社の知的業務である。

　一方で感情的業務として，カジュアルな制服やユーモラスな機内放送，座席上の棚を開けると客室乗務員が隠れていることなどで乗客を楽しませた。ゲートでの待ち時間を使い，ギフト券をかけ，誰が一番運転免許証の写真写りが悪いか，あるいは誰が一番靴下に穴が開いているかを競ったりした。

　こうしたサウスウエスト航空の社員は「ナッツ（変わり者の意味。ピーナッツを

配ることもかかっている）」と呼ばれるが，離職率は7％以下と業界で最も低い（Saloner, Shepard and Podolny 2001, p. 68.／邦訳 2002, p. 84.）。むしろ就職希望者が多いほどである。

　設立当初，社員の誰もが「できない（We can't do it.）」，「私の仕事ではない（It's not my job.）」といったネガティブな言葉は使わなかった。徹底した顧客サービスを実現できると全員が信じていたのである。

　地元テキサス大学でのケーススタディでは，サウスウエスト航空の操業卓越性と収益可能性を高めたのは，そうした社員の参加とコスト意識であると捉えられる（Dess, Lumpkin and Eisner 2004, p. 841.）。

　ビッグ・シックスのほうは，こうしたLCCの躍進に対抗するため，世界各社で同盟を組み（1997年スター・アライアンス開始，1999年ワン・ワールド発足など），傘下企業を増やしながら1社では網羅できないグローバルワイドなサービスの提供に取り組み出した。

　付記すると，サウスウエスト航空が定時運行にこだわる理由の1つには，子どもの乗客にある。ランプ要員によると，ベルトコンベアで運ばれるキャラクター（ディズニーやセサミストリートなど）の付いた小さなスーツケースの8個のうち1個は，親が離婚した子どものものだという（Freiberg and Freiberg 2004, p. 209.／邦訳 2004, p. 274.）。そのように，遠く離れた親に会いに行く貴重な時間をロスさせないためにも，サウスウエスト航空は定時発着にこだわるのである。

3　「真実の瞬間」を制する

　本書第2章でサムスン電子がグローバルビジネスに向かったきっかけは，アメリカの店舗で自社製品がどのように取り扱われているのかという「真実の瞬間」を見たことだったと述べた。この言葉は，1981年から1994年までスカンジナビア航空（デンマーク，ノルウェー，スウェーデンが共同経営する航空会社）の社長を務めたヤン・カールソンが著した本のタイトルでもある。

　同書は，それまでのお役所仕事的な部分や，働き手に都合の良い体制を廃止し，顧客の望むものを基準として，サービスを再構築した際のエッセンスが綴られていることから，サービス業の手本書としてロングベストセラーとなっ

た。旧式のマネジメントから脱却して，マネジメントの近代化に挑戦した過程が描写されているのである。

ヤン・カールソンは，ビジネスリーダーにはヘリコプター・センスという戦略的思考が必要だと見なす（Carlzon 1987, p. 35./邦訳 1990, p. 51.）。細部にとらわれないで，高所から地形全体を把握する能力が，近代化を図る経営者には求められるということである。

航空会社を経営するのは航空機や営業所の建物だけではなく，顧客が直に接する社員が提供するサービスの質も含まれると主張した。

真実の瞬間とは，そうした社員が顧客と接するときのことを示す。瞬間（モーメント）であるので，その時間は極めて短い。乗客1人に対して1人の社員が接する応対時間は，合計して平均15秒ほどである。乗客1人には，だいたい5人の社員が接する（チェックインカウンター，ゲート，客室内など）。1年間で1,000万人の乗客がいるとすれば，5,000万回の真実の瞬間（1回15秒）が生まれる。

この瞬間において，その航空会社に対する乗客のイメージは焼き付けられ，良いものとしても悪いものとしても忘れられない記憶として刻まれる。

ヤン・カールソンが行ったことは実にシンプルなことであった。重要な顧客層であるビジネスマンに必要なものを追加投資して，必要ではないもののコストを削減しただけである。このプロジェクトは，トリム（きちんとした状態にする）と名付けられた。

具体的には，ヨーロッパ路線のファーストクラスを廃止し，エコノミークラスの運賃で上質なサービスを提供するユーロクラスを設置したのである。これにより，初年度では約8,000万ドルの収益増となり，3年間でユーロクラスの利用客は23％増えた。

要するに，乗客を満足させる飛行機（3-P：Passenger-Pleasing Plane）を提供することにリソースを集中させたのである。そして，その3-Pに乗り込む前，乗っている時，降りる時の全てにおける真実の瞬間を何よりも大事にした。

リーダーシップ研究のグールー（指導者）であるコッター名誉教授（ハーバード・ビジネス・スクール）は，こうしたヤン・カールソンの行動はマネジメント（複雑な状況に計画と予算に基づいて対応するために将来の目標を定め，その達成に向けて具体的な手順を決め，各計画を実現するための資源を配分すること）によるもの

ではなく，リーダーシップ（変化に対処して組織に建設的な改革を起こすために方向性を決め，未来へのビジョンと，それに必要な戦略を立案すること）によるものだったと評する。

　マネジメントは統制と問題解決によって，計画の達成を確実にするが，リーダーシップは動機付けやインフォーマルな人間関係に訴えかけ，人心を統合して，ビジョンを達成する。

　ヤン・カールソンは，このリーダーシップによって，官僚主義が幅を利かせる航空業界で，シンプルなアイデア（頻繁に飛行機を利用するビジネス旅客は，高額な運賃を支払うことに抵抗は無いので，そこに狙いを絞ると，高マージンで事業の安定性，高い成長性が見込めること）を実現したと捉えるのである。

　この場合，ビジョンを描くうえで重要なことは2点ある。1つは独自性ではなく，顧客や株主，社員といった重要なステークホルダーの利益にどれくらい資するかということ。もう1つは，そこから地に足のついた競争戦略をどれくらいスムーズに導き出せるかということである（Kotter 1999／邦訳 2012, pp. 49-50.）。

◆エクササイズ

① 自身が航空会社を利用するときの選択基準は何であるか考えてみよう。
② コンチネンタル航空以外で，「個を活かす企業」にはどのようなところがあるか調べてみよう。
③ アメリカの大手航空会社「ビッグ・シックス」各社が，現在どのような状況になっているか調べてみよう。
④ サウスウエスト航空以外で，間接攻撃をしている企業にはどのようなところがあるか調べてみよう。

〔参考文献〕

Andal-Ancion, A. (2003) "Star Alliance (A): A Global Network," edited by Bartlett, C. A., Ghoshal, S. and Birkinshaw, J., *Transnational Management: Text, Cases, and Readings in Cross-Border Management*, fourth edition, McGraw-Hill.

Bartlett, C. A. and Ghoshal, S. (2003) "The Myth of the Generic Manager: New Personal Competencies for New Management Roles," edited by Bartlett, C. A., Ghoshal, S. and

Birkinshaw, J., *Transnational Management: Text, Cases, and Readings in Cross-Border Management*, fourth edition, McGraw-Hill.

Ben-Yosef, E. (2005) *The Evolution of the US Airline Industry: Theory, Strategy and Policy*, Springer.

Bethune, G. and Huler, S. (1998) *From Worst to First: Behind the Scenes of Continental's Remarkable Comeback*, John Wiley & Sons.／仁平和夫訳 (1998)『大逆転！　コンチネンタル航空——奇跡の復活』日経BP社。

Bruch, H. and Ghoshal, S. (2004) *A Bias for Action: How Effective Managers Harness Their Willpower, Achieve Results, and Stop Wasting Time*, Harvard Business School Press.／野田智義訳 (2005)『意志力革命——目的達成への行動プログラム』ランダムハウス講談社。

Carlzon, J. (1989) *Moments of Truth*, Harper Collins.／堤猶二訳 (1990)『真実の瞬間　SAS (スカンジナビア航空) のサービス戦略はなぜ成功したか』ダイヤモンド社。

Casson, M. (1997) *Information and Organization: A New Perspective on the Theory of the Firm*, Clarendon Press.／手塚公登・井上正訳 (2002)『情報と組織——新しい企業理論の展開』アグネ承風社。

Dess, G. G., Lumpkin, G. T. and Eisner A. B. (2004) *Strategic Competitive Advantages*, McGraw-Hill.

Dess, G. G., Lumpkin, G. T. and Eisner, A. B. (2006) "Jet Blue Airways","Southwest Airlines: How Much Can"LUV" Do?," edited by Dess, G. G., Lumpkin, G. T. and Eisner, A. B., *Strategic Management: Text and Cases*, second edition, McGraw-Hill.

Doganis, R. (2006) *The Airline Business*, second edition, Routledge.

Dranove, D.and Marciano, S. (2005) *Kellogg on Strategy: Concepts, Tools, and Frameworks for Practitioners*, John Wiley & Sons.

Eaton, J. (2001) *Globalization and Human Resource Management in the Airline Industry*, second edition, Ashgate.

Freiberg, K. and Freiberg, J. (1996) *NUTS!: Southwest Airline's Crazy Recipe for Business and Personal Success*, Bard Press.／小幡照雄訳 (1997)『破天荒！　サウスウエスト航空——驚愕の経営』日経BP社。

Freiberg, K. and Freiberg, J. (2004) *GUTS!: Companies that Blow the Doors off Business-as-usual*, Currency Doubleday.／小幡照雄訳 (2004)『破天荒2　仕事はカネじゃない！』日経BP社。

Ghoshal, S. and Bartlett, C. A. (1998) *The Individualized Corporation: A Fundamentally New Approach to Management: Great Companies Are Defined by Purpose, Process, and People*, William Heinemann.／グロービス・マネジメント・インスティテュート訳 (1999)『個を活かす企業——自己変革を続ける組織の条件』ダイヤモンド社。

Ghoshal, S. and Gratton, L. (2003) "Integrating the Enterprise," edited by Bartlett, C. A., Ghoshal, S. and Birkinshaw, J., *Transnational Management: Text, Cases, and Readings in Cross-Border Management*, fourth edition, McGraw-Hill.

Grant, R. M. (2003) "The US Airline Industry in 2002," edited by Grant, R. M. and Neupert, K.

E., *Cases in Contemporary Strategy Analysis*, third editon, Blackwell.

Hart, B. H. L. (1967) *Strategy*, second revisited edition, Praeger.／森沢亀鶴訳 (1986)『戦略論——間接的アプローチ』原書房。

Jones, G. (2000) *The Big Six: US Airlines*, Zenith Press.

Kotter, J. P. (1999) *John P. Kotter on What Leaders Really Do* (*Harvard Business Review*), Harvard Business Review Press.／DIAMOND ハーバード・ビジネス・レビュー編集部・黒田由貴子・有賀裕子訳 (2012)『リーダーシップ論——人と組織を動かす能力〔第2版〕』ダイヤモンド社。

Saloner, G., Shepard, A. and Podolny, J. M. (2001) *Strategic Management*, John Wiley & Sons.／石倉洋子訳 (2002)『戦略経営論』東洋経済新報社。

Shah, A. and Sterrett, C. R. (2003) "Southwest Airline Co. -2002," edited by David, F. R., *Strategic Management: Cases*, nineth edition, Prentice Hall.

Shaw, S. (2004) *Airline Marketing and Management*, fifth edition, Ashgate.

Sirota, D., Mischkind, L. A. and Meltzer, M. I. (2005) *The Enthusiastic Employee*, Wharton School Publishing.／スカイライトコンサルティング訳 (2006)『熱狂する社員——企業競争力を決定するモチベーションの3要素』英治出版。

第**9**章

多国籍企業の戦略問題

〈キーワード〉

戦略コンテクスト，戦略プロセス，戦略コンテント，カーネル

1 「良い戦略」とは何か

(1) 戦略の3つの次元

　経営学において戦略論は花形の科目である。最新のトピックスも取り扱われるため，内容に鮮度やダイナミックさが保たれる。グローバルビジネスも，この戦略論の視点で捉えると，多くの新発見がある。

　そうした戦略の定義についていくつか見てみよう。まず，チャンドラーは戦略を「事業成長のプランニングと実行」のことであり，「長期の基本目標を定めた上で，その目標を実現するために行動を起こしたり，リソースを配分したりすること」とした（Chandler 1962, p. 13.／邦訳 2004, p. 17.）。

　アンドルーズは，戦略を「企業の目標を決定し，目標を達成するための主要な方策を立案し，追求すべき事業の範囲を決定する意思決定のパターン」とした（Andrews 1971, p. 28.／邦訳 1976, p. 53.）。

　両者ともに，企業戦略（全社戦略：corporate-level strategy）という多角化した企業のための全社的な計画を指し示している。

　グラントは，この企業戦略は「競争を展開する産業と市場という意味での企業の事業範囲」を定義するものであり，そこでは「産業の魅力度（どの事業にいるべきか）」を検討し，その意思決定には「多角化のための投資，垂直統合，企業買収，新規事業，異なる諸々の事業の間での資質の割り当て，さらに撤退が含まれる」とした。

そして，これとは別に事業戦略（競争戦略：business-level strategy）がある。「特定の産業または市場において企業がいかに競争に打ち勝つか？」に関わるもので，その成功には「競合他社に対する競争優位を獲得しなければならない」と見なす（Grant 2007, p. 19.／邦訳 2008, pp. 24-25.）。

　要するに，企業戦略はドメインを選択することであり，事業戦略はそのドメインで攻防戦を繰り広げるということである。

　この点をポーターは，競合他社よりも物事を巧く行うというのは単なるオペレーション効率である。そうではなく戦略とは，競合他社とは異なる物事を行うということであり，それゆえ戦略の本質は「どこで競争するか（企業戦略）」，「いかに競争するか（事業戦略）」という2つの質問に対する答えを選ぶことにあると主張する（Porter 1996, p. 61.）。

　バーニーの「いかに競争に成功するかということに関して，一企業が持つ理論（因果関係を示す命題）」という戦略の定義は，その2つの選択問題を端的に指し示している（Barney 2002, p. 6.／邦訳［上］2003, p. 28.）。

　また，バーニーは，このうち事業戦略を考える際には，次の3つの競争の型への理解が求められるとする（Barney 1986）。

① 産業組織型：業界構造が比較的安定した状態で，その構造要因が企業の収益性に大きく影響する。

② チェンバレン（『独占的競争の理論』を著した経済学者）型：参入障壁が比較的低く，複数の企業がある程度の差別化を図りながら，競争している。

③ シュンペーター（経済活動における新陳代謝を「創造的破壊」と表現した経済学者）型：競争環境の不確実性が高い。

　①は，ポーターのSCP（Structure-Conduct-Performance）パラダイムからファイブ・フォースを分析して，適切な産業を選択するというポジショニングが重視される。

　②は，バーニーのVRIO（Value-Rarity-Inimitability-Organization）フレームワークから，貴重かつ稀少で模倣困難なリソースを用いることが決め手となる。

　③は，ビジネスの不確実性が高いほど，小規模な部分投資がオプション価値

（戦略柔軟性の価値）を最大化するという命題を持つリアル・オプション理論（ファイナンス分野から派生したもので，少額・小ロット・短期間での開発などで投資の柔軟性を高め，事業環境の下振れリスクを抑えながら，上振れのチャンスを逃さない思考法）に基づき，スピーディに対応していかなければならない。

　リアル・オプション理論は，アンゾフらの計画主義（綿密な計画を立て，その結果をフィードバックし，新しい計画に反映させるプロセスの反復）よりも，ミンツバーグらの学習主義（事業の目的や計画は実際に事業を進めていくうちに自ずと形成されてくる）に近い考え方である。

　バーニーらは，このリアル・オプション理論を起業の活性化に応用し，失敗事業をたたむ際のコストが低い倒産法や法的手続きのある国ほど，起業家はリスクを取りやすくなり，その国の企業活動は活性化すると捉えた（Lee, Peng and Barney 2007）。

　一方で，コリスとモンゴメリーは，以上のような事業戦略が企業戦略と区別されたまま，それぞれに研究が進んだことで，両戦略の相互関係が浮かび上がっていないことを指摘し，両戦略を統合した包括的な視点で捉えるべきとして「企業が複数の市場における活動を組み立て調整することによって，価値を創造する方法」が戦略だとする（Collis and Montgomery 1997, p. 9.／邦訳 2004, p. 5.）。

　以上のような定義がなされるビジネスにおける戦略には，3つの次元がある（Saee 2007, p. 8.）。

　1つは，戦略コンテクストである。これは下記に挙げる戦略プロセスと戦略コンテントが決定される際の状況についてである。つまり，企業および環境がどういう状態であるかという，戦略の「場所（where）」として捉えることができる。

　また1つは，戦略プロセスである。これは「どのように（how）」，「いつ（when）」，「誰が（who）」に関するものである。つまり，①どのように作られ，分析され，公式化され，実行され，管理されるのか，②必要な活動がいつ行わなければならないのか，③誰がその戦略プロセスに関与するのかについてである。

　こうした戦略の3W1Hに応えるためには，コリスとルクスタッドが示すように，企業は次の3点を簡潔に定義しておかなければならない。①目的：行動の原動力となる唯一の基準，②範囲：企業の活動領域の幅，③優位性：社内リ

ソースを活用するための配置法 (Collis and Rukstad 2008)。

いま1つは，戦略コンテントである。これは戦略プロセスの「所産 (a product)」という観点で見ることができる。つまり，その企業のための戦略は「何 (what)」であるか，あるいは何であるべきかについてである。

一方で，ビジネスにおける戦略にはいくつかの問題点もある。それらをハンターは「7つの不都合な真実」としてまとめている (Hunter 2014)。

① 戦略を立てても不確実性が高いため，計画通りにはならない。
② 戦略には会計や法制度のような厳密性が無く，オープン・ループでダイナミックなものとなる。
③ 戦略の有効性がどの程度なのか正確には測れない。
④ 個々人の潜在的な好みが意思決定に影響を与える。
⑤ 組織が学習するにつれて，戦略とそぐわなくなるので，継続的なリニューアルが求められる。
⑥ 戦略コンテントが外部環境と適合せずに，成果が乏しい場合がある。
⑦ 戦略の策定にアカデミックなアプローチを施すのは難しい。

また，ハメルは「戦略が似通うのは，成功のレシピをこぞってまねるからだ」，「戦略の相似を後押しし，けしかけるのは，次々に出てくる野心あふれる若いコンサルタントたちであり，彼らがトップ企業のベストプラクティスを活気のない組織に広めている」(Hamel 2000, p. 49.／邦訳 2001) と，他社の戦略を模倣しがちになることを鋭く指摘する。

本章では，グローバルビジネスの担い手となる多国籍企業が，以上のような性質を有するビジネスにおける戦略問題について，どのように向き合うべきかについて理解を深めていく。

（2）「良い戦略」の3つのカーネル

戦略とは，孫子の『兵法』を源流としているように「戦い」においていかにして勝つかについてのロジックである。例えば楠木正成は，千早城を戦略的地点とし，そこで北条氏の大軍を打ち負かすことで，各地から同調者が出て来やす

くするようにして，天下の情勢を変えるという戦略を採った。その戦略の達成のために，千早城で人形を用いるなどの戦術を用いた。

この戦略と戦術の違いについては，幕末期の長州藩の医師であり，西洋学者，兵学者でもあった大村益次郎（村田蔵六）が江戸で開いていた蘭学の兵学塾の最終講義が参考になる。

そのときの講義のテーマは「タクチーキのみを知ってストラトギーを知らざる者は，ついに国家をあやまつ」というものだった。タクチーキとはタクティクス（戦術），ストラトギーとはストラテジー（戦略，当時は将帥術と訳された）のことである。

大村益次郎は，ストラトギーとは「万里に貫通し，時勢を計り，政事に渉り，治乱興亡の理を明らかにし，国家の大計をたて，三軍の令をつかさどる」ものだとした（土屋 1984, p. 6.）。この点を踏まえた戦略の定義は「企業行動の成功へのすじ道」（土屋 1984, p. 4.）となる。

こうした戦略が必要となるのは，人間の能力に限界があるからである。状況認識能力も行動能力も無限にはないから，可能な限り状況を察知し，その中で的確な行動をとらなければならない。それには，状況変化にともない機敏に変えることができる戦術とは別に，そうした変化には即応しない，一定方向を貫徹する持続性や，同じことを繰り返し行う反復性がなければならない（土屋 1984, p. 10-11.）。これが戦略であり，企業行動が成功するためのロジックを指し示すものとなる。

ルメルトは，そうした戦略にも「良い戦略」と「悪い戦略」があると捉える。「良い戦略」は，直面する難局から目をそらさず，それを乗り越えるためのアプローチを提示するものであり，状況が困難であるほど，行動の調和と集中を図り，問題解決や競争優位へと導くものである。

一方の「悪い戦略」は，厄介な問題を見ないで済ませ，選択と集中を無視し，相反する要求や利害を力ずくでまとめようとするものであり，目標，努力，ビジョン，価値観といった曖昧な言葉を使い，明確な方向を示さないものである（Rumelt 2011, pp. 4-5.／邦訳 2012, p. 8.）。

「良い戦略」というものは，次の3つのカーネル（kernel：核）からなる基本構造があり，それが一貫した行動に直結している。

1つめは「診断（diagnosis）」である。これは，状況を診断し，取り組むべき課題を見極めるものであり，良い診断は，死活的に重要な問題点を選り分け，複雑に絡み合った状況を明快に解きほぐす。

　2つめは「基本方針（guiding policy）」である。診断で見つかった課題にどう取り組むか，大きな方向性と総合的な方針を示すことである。

　3つめは「行動（set of coherent actions）」である。基本方針を実行するために設計された一貫性のある一連の行動のことであり，全ての行動を調整して方針を実行することである（Rumelt 2011, p. 77.／邦訳 2012, pp. 108-109.）。

（3）デビアスに見る3つのカーネル

　以上のような「良い戦略」を形成することに責任を負うマネジャーに求められるものは何であろうか。多国籍経営論では，グローバル・マインドセット（グローバルに考え，ローカルに行動すること），感情に基づく判断力，長期的観点，卓越性を達成するために全社員を動かせる能力，熟達した交渉力，海外事業を探究する意志力，各国文化への理解などが挙がる（Cullen and Parboteeah 2011, p. 23.）。

　また，それとは別の次元で，マネジャーの最大のコミットメントは「敏捷性」を理解することにある。トヨタやマイクロソフトなどの戦略や製品開発の研究を行ってきたクスマノは，JIT生産やダイナミック・ケイパビリティなどの敏捷性についてのプラクティスの戦略的な価値を認識することが，マネジャーに求められるという。

　敏捷性がある組織は変化に対応でき，さらには計画的な変化や認識外の変化を生み出せる（Cusumano 2010／邦訳 2012, p. 404.）。後者の2つの変化は，製品や製造プロセス，戦略，ビジネスモデルのイノベーションともいえる。

　これについて，デビアス（De Beers）というダイヤモンド採掘・販売およびジュエリーブランドの企業（社名はダイヤモンド鉱脈が発見された南アフリカ・キンバリー周辺にあるデビアス農場に由来する。2001年にLVMHグループのデビアス ダイヤモンド ジュエラーズとなる）を例に挙げてみよう。

　デビアスは創業者のアーネスト・オッペンハイマー，その息子のハリー，孫のニッキーと，3代にわたってオッペンハイマー家がマネジメントを担ってき

た。ダイヤモンド供給に特化したビジネスを行ってきており，"A diamond is forever（ダイヤモンドは永遠の輝き：1947年，コピーライターのフランセス・ゲレティによる）"というコピーのもとに，ダイヤモンドを永遠の愛のシンボルに位置付けることで，販促にも力を注いできた。

　ところが，1990年代に入ってから，ロシア，オーストラリア，カナダの鉱山会社が市場に参入してきて，さらには宝石市場の規制緩和も進み，デビアスの市場シェアは半減に近い状態にまで落ち込んでしまった。このときにデビアスのマネジャー，ニッキー・オッペンハイマーに求められたのが敏捷性であった。同社に残された選択肢は「ダイヤモンド採掘における影響力を取り戻す」か「需要主導型のビジネスモデルに転換する」の2つだった。

　その選択を決める経営陣による投票の際，ニッキーは「父から会社の経営を引き継いだとき，重要なアドバイスをもらった。『息子よ，お前の仕事の99％は，デビアスの伝統と遺産を守ることだ。デビアスは偉大な会社だ。そして当社が偉大な業績を築き上げてきた1つの要因は，流行や新しいアイデアに振り回されないことであった。しかし，お前の残り1％の仕事は，抜本的な改革が必要なときを見定めることだ。その役目を果たすとき，正しい判断をしてほしい』」と述べた（Zook and Allen 2012／邦訳 2012, p. 258.）。

　これは，前述したルメルトの唱える「良い戦略」の3つのカーネルのうちの1つである「診断」であり，良い診断をすることで「良い戦略」が導かれるということを示唆するものである。

　ニッキーは，その言葉に続き，「私はいまがその1％の瞬間であり，われわれは方針転換すべきであると確信している」と言い切った。それは「良い戦略」のもう1つのカーネルである「基本方針」の提示を意味していた。こうしたマネジャーの決意は圧倒的多数の支持を受け，ビジネスモデルの転換が敏捷になされた。

　その投票が実施されたキンバリーの会議室が落雷により，停電したことを受けて，ニッキーが「きっと，あの世の父もわれわれが正しい選択をしたと褒めてくれているのだろう」と述べ，直ちに閉会し，抜本的な改革が「行動」に移されたというエピソードがある。以来，この逸話は「キンバリー落雷事件」として社内で語り継がれており，リーダーシップの英断の好例として引き合いに

出されているという。

　その後においてもデビアスは，需要主導型のビジネスモデルの方針を採り，2000年代前半には，エンゲージリングとは別の「右手のリング」の市場を創造した。これは，女性が自分のために購入する，解放と尊敬のシンボル（高級品を消費することが成功と自己受容の象徴となること）を示すものだった。

　こうした独立と自由の象徴である「右手のリング」は，献身と結婚の象徴であるエタニティリングと，基本的には同じ製品であるが，メッセージ性が異なるため，矛盾せずに（既存顧客を失うことなく），新規の顧客を開拓することができた（McKinney 2012／邦訳 2013, pp. 184-185.）。

　これは，画期的なイノベーションにつながる新しいアイデアを生み出す「キラー・クエスチョン」がなされたからだともいわれる（McKinney 2012／邦訳 2013）。

2　戦略コンテクスト・プロセス・コンテント

（1）戦略コンテクスト

　「良い戦略」をなすためには，まず「診断」が必要となるが，それには自社内だけを見つめるだけではなく，市場環境（戦略コンテクスト）にも目を向け，熟考しなければならない。現代企業を取り巻く，そうしたビジネス環境の変化には目覚しいものがある。

　サイモンズによると，この世で確実なものは，①死，②税金，③現在の戦略が今後も通用するとは限らない現実の3つであるとされる（Simons 2010／邦訳 2012, p. 126.）。つまり，製品はいずれ時代遅れになり，顧客の嗜好は変わり，技術の進化でビジネスモデルの競争力が損なわれるということであり，問題は，そうなるかどうかではなく，いつそれが起きるかであるという。したがって企業には，不確実性に絶えず注意して，競争環境の変化に常に目を光らせることが求められる。

　また，ドラッカーも1993年に「かつて企業は，ピラミッドのように永続することを目指してつくられていたが，いまはテントのようなものになっている。あらゆる企業が，明日には，なくなっているか，さもなければ混迷のなかにある」と述べていた（Drucker 1995／邦訳 1995 p. 7.）。

　さらに1995年には，コンピュータという新しく登場した道具によって，企業のコンセプトは次のように捉えることが必然的になったと指摘した（Drucker 1995／邦訳 1995, p. 136.）。

① 企業とは資源の加工者（コストを成果に転換する機関）である。
② 企業とは経済連鎖の環である（コスト管理のために，この環の全体を把握する必要がある）。
③ 企業とは富を創出する機関である。
④ 企業とは物的環境（企業にとっての機会や脅威などが存在する外部世界）によって作られる被創造物である。それと同時に，物的環境をつくる創造的主体である。

　このようなコンセプトを有するようになった企業の中でも，とりわけ多国籍企業が大きな影響を受けるのは，経済のグローバル化である。それは，国境を越えた経済的統合が世界規模で進んでいく傾向にあることを示す（Cullen and Parboteeah 2008, p. 8.）。企業にとっては，こうした状態が進展することで，ビジネスが自国内に留まることなく拡張できるようになる。

　その拡張の過程で企業は，リソースベースあるいはコストベースでの検討を踏まえて，どこで何を行うかということを決めていける。つまり，生産拠点に適した国やR&Dに注力する地域，販売活動を重視する市場を世界的視野で見て，選定できるのである。これは戦略を世界規模で考えるという意味で，グローバル戦略である。

　グローバル戦略を展開する上で，重要な要素は「さや取り（arbitrage：ゲマワットがいうところの裁定）」である。企業がさや取りで利益を得られるようなグローバルな機会に対応するには，生産拠点をどこにするか，あるいはノウハウや知識をどこで得るかについて，できる限り柔軟に決めていける戦略が必要となる。

　スプルバーは，そうしたグローバル市場を検討するフレームワークとして「スター・アナリシス（五角形分析）」を提示する（Spulber 2007 p. 38.）。それは国際ビジネスを，①本国（本拠地市場），②サプライヤー国（賃金，生産性，技術），③顧

客国 (消費嗜好)，④パートナー国 (能力補完)，⑤競争国 (競合他社の本拠地市場)
という 5 点 (5 国) から捉え，適した活動を適した国で行うという考え方である。

　当然，そのような分析を行った後には，それら機会やリスクに素早く反応で
きることも求められる (Clegg, Carter, Kornberger and Schweitzer 2011, p. 326.)。進
出する国の魅力は，メリット (経済規模，経済成長見通し) だけでなく，コスト (汚
職，インフラの不備，法的コスト) やリスク (政治的リスク：社会不安や反企業的傾向，
経済的リスク：経済運営の失敗，法的リスク：財産権保護の不備) も踏まえた「総合
的な魅力 (overall attractiveness)」である (Hill 2009, p. 82.)。それらを比較考慮し
て事業展開を決めないとならない。

　このように経済のグローバル化は，企業のグローバル戦略を促す。すなわ
ち，企業に「どこか (anywhere)」という，活動拠点の自由選択度の増加をもた
らすのである。

　これに関して，安室憲一 (2012, pp. 20-21.) は，バーノンやダニングなどの古
典的多国籍企業論 (国際生産論) では，企業の立地場所は抽象的な「国」でしか
なかったが現在では，例えばイギリス進出を「1 ヵ国」と数えても何も情報的
な意味はなく，ロンドンのキングズ・ストリートの何番地に立地したかが重要
となってくるように，場所は突出した情報価値を持つようになると指摘し，研
究対象も製造業よりもサービス業のほうが主体になってくると唱える。

　そうした企業のグローバル戦略を後押しする経済のグローバル化は，次の 7
つが主な促進要因となる。

① 国境の崩壊：WTO や地域貿易協定といった貿易障壁を軽減する公的構造
　や，EU，NAFTA，APEC といった世界貿易の主要グループが形成され
　ている。
② 貿易と投資の増加：世界の貿易主要国・地域である TRIAD (EU，アメリカ，
　日本) や中国の輸出入，FDI の進展により，「どこかに売る (sell anywhere)」，
　「どこかに立地する (locate anywhere)」という選択肢が増えている。
③ インターネットおよび情報技術：ウェブサイトが世界中からアクセス可
　能なために「どこかに売ること」ができる。また，金融市場のボーダレス
　化も促す。あるいは，妥当な取引相手を探すことにも貢献する。例えば

阿里巴巴_{アリババ}（中国企業との取引を支援するeコマースサイト。1999年，杭州で開設）
は世界最大級のBtoBサイトとして，中国のサプライヤー（食品・飲料，ビ
ジネスサービス，農業，建材・建築設備，園芸・工具等）を膨大に検索できる。

④ グローバル製品・顧客：マクドナルドのように，世界中で同様の商品を購入
できるという「どこにいても（その企業の製品を）何でも買える（buy anything
from anywhere）」状態になっている。

⑤ 民営化：多国籍企業が現地の有力企業を傘下に収めることができる機会
が増えるので，より効率の良い国際経営を展開できるようになる。

⑥ 新たな競争相手：BRICsやVISTA各国から「フォーチュン500」にランク
インするほどの収益を上げる企業が登場している。こうした新興国市場
に拠点を置く企業は「エマージング・ジャイアント（中国のハイアール，イン
ドのインフォシス，タタ・モーターズなど）」と呼ばれる。それら企業は先進国
市場に拠点を置く企業同様，新興国市場では「制度のすきま（institutional
void：市場の機能を支える各種制度の整わない領域）」に対応するために次の4
つの戦略的岐路に立たされる。(a)ビジネスモデルの再現（移転）か，現地
適応か，(b)独力で競争するか，協働するか，(c)市場環境を受容するか，
改革を試みるか，(d)その市場に参入するか，待つか，撤退するか（Khanna
and Palepu 2010／邦訳 2012）。

⑦ グローバル・スタンダードの登場：携帯電話やDVDレコーダーの規格
や，ISO基準が設置されている。

こうした7つの要因から促される経済のグローバル化を市場環境（戦略コン
テクスト）として，企業は各国・地域で異なる文化や制度的文脈に十分留意し
たマネジメントや戦略を導き出さないとならない。

　具体的には，環境的差異として文化，流通，規格標準，競合相手，政府規制，
経済があり，それに対する戦略的リアクションとして，それぞれに見合う製品
デザイン戦略やコミュニケーション戦略，ロジスティック戦略，プライシング
戦略を採るということである（Hopper 2009, p. 23.）。

　あるいは倫理的に行動することや，CSRへの取り組みが求められる。例え
ばイケアは2000年に"IWAY"という行動規範というサプライヤーに課せられ

る最低限の条件を定めて，状況の改善に注力し始めた。

　同社の約80人の監査員が，①その国の法令遵守，②強制労働の禁止，③最低賃金以上の賃金・超過勤務手当，④安全で健康的な労働環境，⑤廃棄物・排出物・化学物質の取り扱いに関する責任など，90項目から成るチェックリストに基づいて，2010年現在で1,200ヵ所に及ぶサプライヤーを巡回するというものである。

　とりわけ"IWAY"で重視されるのは，児童労働の禁止である。2009年までに10万件の逸脱が報告され，そのほとんどは改善され"IWAY"の平均達成率は93％となっている（Dahlvig 2012, pp. 39-40.／邦訳 p. 64.）。

（2）戦略プロセス・戦略コンテント

　「企業行動の成功への道すじ」となる戦略を以上のような市場環境から導くには，企業はまず，すでに強調したように戦略コンテクストを読み取って「どこか」を決めることが求められる。つまり，自社のビジネスをどこに定めるか（どこで戦うか）という「領域（arenas）」を考えなければならないのである。それもできる限り特殊なところに置く必要がある。それはグローバル化かローカル化かの選択でもある。

　次には，そうした特殊な市場で存在感を創出するための「手段（vehicles）」を決めることが求められる。例えばイノベーションを興す，低コストによる効率化を図るといったことを決定することである。この手段にともなって子会社が設立される。

　子会社のタイプには，①販売市場を求めるTMR（Truncated Miniature Replica：端を切り取ったようなミニチュア複製），②生産効率を求めるRPS（Rationalized Product Subsidiaries：合理的生産子会社），③知識を求めるWPM/RPM（World Product Mandate/Regional Product Mandate：世界ないし地域での生産権限委譲）などがある（Pearce and Papanastassiou 2009）。

　こうした子会社設立までの過程は，ダニングのOLI（Ownership-Location-Internalization）パラダイムやラグマンの内部化理論をなぞるように，FDIにつながる企業が選ぶことのできる戦略的コミットメント・オプションを示す。

　つまり，海外操業をどの程度まで管理し，リソースに関与するかは段階的に

選択が可能であり，その程度の低い順に，①貿易関連：輸出など，②移転関連型：ライセンシング，フランチャイジングなど，③FDI関連型：合弁事業，完全所有子会社，傘下企業などの3段階に分かれる（Hooper 2009, p. 24.）。

　FDIにまで及ぶと企業としての促進度が増すが，その分，海外操業への関与度ならびにリスク，リターンも高いものとなる。

　また，市場競争で打ち勝てる方法を決定する必要がある。「差別化要因ないし経済的論理（differentiators/economic logic）」の確立である。ベイン・アンド・カンパニーも「明確に差別化されたコア事業（a well-differentiated core：例えばピクサーのキャラクター開発など）」を有することが戦略（どう勝つか）の要であり，ビジネスモデルを「再現可能で不朽のものとする（the great repeatable model）」原則の1つであると唱える（Zook and Allen 2012／邦訳 2012）。

　さらには，段階的に何を行っていくか，どのようなペースで意思決定をなしていくかという「継続性（sequencing）」についても取り決めておかなければならない。特に多国籍企業は，どのタイミングでどの国に参入するかを決めることが重要な問題である（Cullen and Parboteeah 2008, p. 221.）。以上の「手段」，「差別化要因ないし経済的論理」，「継続性」は戦略プロセスに関するものである。

　そうした戦略プロセスの所産となる戦略コンテントについては，とりわけ国際市場では，競合他社の数が増えるので，そうしたライバル社を打ち負かすための競争戦略を働かせないとならない。競争戦略は「攻撃的戦略（offensive strategy）」と「防御的戦略（defensive strategy）」に二分できる（Cullen and Parboteeah 2008, pp. 229-230.）。

　「攻撃的競争戦略（offensive competitive strategy）」では，企業は直接，ライバル社に狙いをつけて，その市場シェアを奪うことをもくろむ。手法には，急激に製品の価格を下げる，製品に新しい特性を付加するなどがある。

　攻撃的競争戦略には，こうした「直接攻撃（direct attacks）」の他に，競合他社が未開拓だったり無視していたりする市場（国）を見つけて，そこに進出することで直接競争を避けるという「攻撃回避（end-run offensives）」や，そうした攻撃回避の結果，得られる「先制的競争戦略（preemptive competitive strategies）」などがある。

　これは，ファースト・ムーバー・アドバンテージを得られることから来てい

る。新市場 (国) に1番乗りすることで，最良のサプライヤーや顧客を得たり，最良の立地を購入できたりするからである。とりわけ国際市場では原材料の確保は重要である。また，1番手企業はその国でのブランド認知の点でも有利な立場に付くことができる。

　こうした攻撃的競争戦略の中でも，最も攻撃的なものは，競合他社を「買収 (acquisitions)」することで競争自体をなくすということである。国際市場における買収の理由は，収益の向上の他に，地理的拡散のためや主要な進出先国での企業地位の強化といった戦略的便益を含むものである。

　一方の「防御的競争戦略 (defensive competitive strategies)」は，ライバル社からのそうした攻撃的戦略を食い止めたい企業が用いるものである。主たる手法は価格に訴えかけるものであり，ライバル社の低価格に適合したり，流通業者にボリューム・ディスカウントを与えて，競合製品に顧客が流れるのを防いだりすることなどがある。

　また，国際市場では，自国市場に攻撃をかけられた仕返しとして，競合相手の本国市場を攻め込むという「カウンター・パリー (counter-parry)」も防御的競争戦略に含まれる。富士フイルムがアメリカ市場でコダックを攻め込んだことに対して，コダックが日本市場で富士フイルムに反撃した例や，ミシュランがアメリカ市場において低価格路線を採り，グッドイヤーを攻撃したことに対して，グッドイヤーがヨーロッパ市場でミシュランに反撃した例などがある。

3　戦略研究の系譜と展望

(1) これまでの国際戦略研究の視座

　コリスがいうように国際戦略は，①相違，②国際的優位性，③トレードオフ，④戦略決定の「4つの法則」から特徴付けられる (Collis 2014)。具体的には，①製品市場トレードオフ：ローカル対応 (多種製品) or グローバル効率 (単一製品)，②生産要素市場トレードオフ：動的効率 (多国立地) or 静的効率 (一国立地)，③地理的範囲トレードオフ：規模 (数ヵ国) or 単一 (一国)，④組織トレードオフ：モチベーション (複数部門) or コーディネーション (単一部門)，という戦略問題が常に立ちはだかる。

　こうした国際戦略は，国際経営研究においてFDIや内部化（バーノンの製品ライフサイクルにおける国際投資と国際貿易，ダニングの国際生産の折衷理論，バックレー＆カソンの海外市場参入など），異文化（ゲマワットのCAGEフレームワーク，ホフステッド指数，GLOBE指数など）とともに主題の1つとして検討され続けてきた。

　バーニーは，国際戦略は多角化戦略の一種であり，それが経済価値を持つためには，範囲の経済を活用する必要があると見なす。具体的には，①既存製品やサービスに対する新規顧客の獲得，②安価な生産要素へのアクセス確保，③新たなコア・コンピタンスの形成，④現行のコア・コンピタンスを新たな方法で活用する，⑤企業リスクの軽減の5つを挙げる（Barney 2002, p. 518.／邦訳［下］2003, p. 236.）。

　また，これまでに刊行されたアンソロジーやハンドブックから国際戦略について見ると，まず2003年に4冊組で出版された *International Business and Management* の第1巻のテーマが"Internationalization and International Strategy"であり，国際戦略に関しては10本の論集が収録された（Pugh and Plath eds. 2003）。その内の7本が戦略計画・戦略的リソースについて，残りの3本が戦略的国際提携（合弁事業，能力競争，組織学習）についてのものであった。

　前者7本のうち2本は，バートレットとゴシャールの"Managing across borders: new strategic requirements"と"Managing across borders: new organizational responses"という「トランスナショナル（国際戦略を実現に導く理想的な組織）」の概念につながる論稿である。また，別の1本は，プラハラードとハメルの"The core competence of the corporation"という「コア・コンピタンス」の議論である。

　他にも，多国籍企業の組織進化論の礎であるストップフォードとウェルズのモデル（早期に国際化を遂げると，製品の多角化と海外販売比率の双方は高まる傾向があり，多国籍企業は次第に製品と地域のどちらも重視するマトリクス型組織を採っていくこと）を再考した論稿（Egelhoff, W. G., "Strategy and structure in multinational corporations: a revision of the Stopford and Wells model"）も収録されている。

　また2001年に，ラグマンとブレウェアが編集した *The Oxford Handbook of International Business*（2009年の第2版も同一の構成内容である）では，多国籍企

業の戦略に関する論文は４本（戦略，組織，子会社の戦略とマネジメント，戦略的提携）掲載されている（Rugman and Brewer 2001）。

　トールマンの編集による2007年の*A New Generation in International Strategic Management*では，18本の論文が「国際戦略の新たなアプローチ」，「MNEのための新しい組織」，「現代グローバル社会における立地」という３つのテーマに分かれて掲載されている（Tallman ed. 2007）。

　新たなアプローチでは地理的拡散（リスクの削減or操業の柔軟性），技術ソーシング戦略，R&Dの内部化，リアル・オプション理論の導入など，新しい組織では知識フロー，国際的R&D提携でのパートナー選択など，立地ではグローバルシティと投資などがテーマに置かれ，国際戦略の手法が多岐に渡って検討されている。

　それ以降，どのようなテーマが研究されていったのかについては，バーベクとマーチャントが2012年にまとめた*Handbook of Research on International Strategic management*が参考になる（Verbeke and Merchant eds. 2012）。

　掲載された全24稿は「国際戦略経営の基礎概念」，「国際戦略経営の構造」，「国際戦略における距離の問題」，「国際戦略経営の新潮流」の４テーマに分かれており，基礎概念ではルンダンの「新折衷理論（The new electic paradigm and international business strategy）」や，バックレーの「グローバル工場（The multinational enterprise as a global factory）」など。構造では子会社のイニシアティブ，新興市場での合弁事業など。距離の問題ではイノベーションにおける立地優位性の役割，リアル・オプション理論と投資戦略など。新潮流では国際起業家，オフショアリング，BOP戦略などが論じられた。

　2014年に31本もの論文が収められた*International and Global Strategy*は，「グローバル・ビレッジの誕生」，「グローバル戦略の優位性」，「グローバル戦略実行への挑戦」の３テーマで構成されている（Pederson ed. 2014）。これは，今まで見てきた論集が書き下ろし，もしくは直近にジャーナル掲載された論文を収録したものであるのに対し，最初に挙げた*International Business and Management*と同様に，過去何十年かのジャーナル掲載からの選りすぐり論文のリイシュー・セレクションである。

　要するに，すでに論じられた主題が現在に至っても継続して検討されている

ことで，1つのテーマ性として括ることができるようになったということである。

　例えばグローバル・ビレッジの誕生では，1983年のレビットによる“The globalization of markets”から2003年のゲマワットによる“Semiglobalization and international business strategy”，2004年のラグマンとバーベクによる“A perspective on regional and global strategies of multinational enterprises”が並列されたことで，グローバル市場についての限界性が明らかになってきた。

　同様に，グローバル戦略の優位性では，1987年のゴシャールによる“Global strategy: an organizing framework”から2004年のバックレーとグハウリによる“Globalisation, economic geography and the strategy of multinational enterprises”までが収録されており，国別の優位性を巧く使い分けることが詳細に分析されている。

　また，グローバル戦略実行への挑戦では，1990年のゴシャールとバートレットによる“The multinational corporation as an interorganizational network”から2005年のカントウェルとムダムビによる“MNE competence-creating subsidiary mandates”までが掲載されており，ネットワークに基づく知識の移転など子会社の果たす役割やグローバル・マインドセットなどが考察されている。

　総じて，以上に取り上げた収録論文の研究視座を取りまとめると，各論での議論・検討は進んでいるが，大きなポイントは国際戦略を滞りなく行うには，様々な戦略手法を試みながらコア・コンピタンスに基づく優位性を保つことと，それが社内で最大限に活用できるような組織を構築しなければならないということに変わりはない。

　チャンドラーは1962年に，組織とは新たに加わった活動やリソースをマネジメントするための部門であり，組織の形態とは権限やコミュニケーションの経路およびそれを通じて社内に伝わる情報やデータのことであるとし，そうした「組織の形態は戦略に従う（structure follows strategy）」という命題を導き出したが，それが国際戦略にも言い当てられる。

（2）戦略的マネジメント研究の視座

　本章で取り上げた多国籍企業の戦略問題は，「戦略的マネジメント（strategic

management)」の分野で研究が進んでいる。ルメルトが「企業ごとの経営特性・戦略は収益率を決める上で重要である」(Rumelt 1991) と見なした1990年代以降，それを明らかにするための統計分析による実証研究が豊富になされている。

　戦略的マネジメントは，パフォーマンスを決定付ける企業コンテクストと企業アクションが体系化したものとして捉えられる (Saloner, Shepard and Podolny, 2001, p. 3.／邦訳 2002, pp. 2-3.)。ここでいうコンテクストには企業の有するリソースや組織形態という内的なものと，競合他社やサプライヤー，進出先国の政治・法制度といった外的なものの双方を示す。また，アクションとは企業が持つ資産をいかに活用するか，もしくは新しい資産をいかに獲得するかを意味する。

　バーニーは，1950年代までには財務と組織行動論が厳格な学術領域としての地位を固めつつあり，1960年代までにはマーケティング，会計，オペレーション・マネジメントが同様の地位に到達したとし，それらと比べて，戦略的マネジメントは厳格な理論に基づく研究が始まったのが1970年代末からと遅く，経営関連諸学の中では最も未開拓で，最も未熟な領域の1つだと見なす (Barney 2002, preface XIII～XVI／邦訳[上] 2003, p. 6-8.)。

　その理由として，戦略的マネジメントが様々な機能領域間の相互作用であることが挙がる。上記に挙げた各領域での専門知識やスキルを持ち寄って戦略が検討されるので，生来的に学際的な性質を帯びている。したがって，それらの学問領域の成熟を待って，戦略的マネジメントの研究が本格的に始まったというわけである。

　その発展の大きなステップとなったのが，ルメルトの *Strategy, Structure and Economic Performance* (Rumelt 1974／邦訳 1977) と，ポーターの *Competitive Strategy: Techniques for Analyzing Industries and Competitors* (Porter 1980／邦訳 1982) であった。

　バーニーは，これに続くポーターの一連の大作，*Competitive Advantage: Creating and Sustaining Superior Performance* (Porter 1985／邦訳 1985) および *The Competitive Advantage of Nations* (Porter 1990／邦訳 1992)，プラハラードとハメルの「コア・コンピタンス」の概念により，戦略的マネジメントは知的成熟のスピードを急激に速めたと捉える。

　また，クリステンセンの*Innovator's Dilemma: When New Technologies Cause Great Firms to Fail*（Christensen 1997／邦訳 2001）も，その後の引用数では，ポーターやプラハラードとハメルと引けを取らないほど影響力を持つものであった。

　とりわけポーターとクリステンセンに共通するのは，学術誌への査読論文の掲載が極めて少なく，主に書籍刊行の形で学者や実務家に広く，そのコンセプトが伝わったという点である（入山 2015, pp. 324-328.）。

　また，戦略的マネジメントの主要なキーワードには「成果」，「環境モデル」，「能力」，「組織」が挙がる。つまり，これらが戦略研究の主流なテーマということである。これはフルーラーらが2008年に明らかにした点である（Furrer, Thomas and Goussevskaia 2008）。

　フルーラーらは1980年から2005年までの*Academy of Management Review, Academy of Management Journal, Administrative Science Quarterly, Strategic Management Journal*という戦略分野で最も影響力のあるジャーナル4誌に掲載された全論文を分析したところ，2,125文献が戦略を捉えたものであった。

　それら文献からは26のキーワードが抽出された。その中で最も多かったキーワードが「成果（performance）」（777文献）だった（1つの文献でキーワードが1つ以上含まれている場合，その文献は重複してカウントした）。成果に関しては，富の創出，収益可能性，リスク＆リターン，生産性などがサブトピックスとなる。

　ここから浮き彫りになるのは，戦略家とは「いかに企業を豊かにするか」に従事する者だということである。ドラッカーも，エグゼクティブ（物事を成すべき地位にある者）の仕事は，成果を挙げることであると述べている（Drucker 1966, p. 2.）。

　次に多かったのが「環境モデル（environmental modelling）」（534文献）で，企業とその環境との相互作用について取り扱うものである。3つ目に多かったのが「能力（capabilities）」（518文献）で，企業内のリソースおよびその戦略的な開発方法についてである。4つ目に多かったのが「組織（organization）」（492文献）で，実行や変化，学習，組織構造に関する問題を含むものである。

　このように，多国籍企業の戦略を検討する際に重要な視点は，その成果がどうであったか（戦略コンテントの結果），また環境モデルはどのように築かれているか（戦略コンテクスト），あるいは多国籍企業の能力や組織はどのような状態

であるか（戦略プロセス）について見定めることである。このことから，本章で取り上げた論点は，戦略研究の主流と同調しており，妥当なものであるといえる。

◆エクササイズ

① 自身の関心のある企業を1社取り上げ，その戦略コンテクストを調べてみよう。

② 自身の関心のある企業を1社取り上げ，その戦略プロセスを調べてみよう。

③ 自身の関心のある企業を1社取り上げ，その戦略コンテントを調べてみよう。

④ 本章では多くの戦略論が取り上げられている。任意で1冊を選び，その内容を要約して，論点をつかんでみよう。

〔参考文献〕

入山章栄（2015）『ビジネススクールでは学べない世界最先端の経営学』日経BP社。

土屋守章（1984）『企業と戦略——事業展開の論理』日本リクルートセンター出版部。

安室憲一（2012）『多国籍企業と地域経済——「埋め込み」の力』御茶の水書房。

Andrews, K. R.（1971）*The Concept of Corporate Strategy*, Irwin.／山田一郎訳（1976）『経営戦略論』産業能率短期大学出版部。

Barney, J.（1986）"Types of Competition and the Theory of Strategy: Toward an Integrative Framework", *Academy of Management Review*, vol. 11, no. 4.

Barney, J.（2002）*Gaining and Sustaining Competitive Advantage*, second edition, Prentice Hall.／岡田正大訳（2003）『企業戦略論［上］基本編——競争優位の構築と持続』ダイヤモンド社。

Chandler, A. D.（1962）*Strategy and Structure: Chapters in the History of the Industrial Enterprise*, M. I. T. Press.／有賀裕子訳（2004）『組織は戦略に従う』ダイヤモンド社。

Christensen, C. M.（1997）*Innovator's Dilemma: When New Technologies Cause Great Firms to Fail*, Harvard Business School Press.／邦訳『イノベーションのジレンマ——技術革新が巨大企業を滅ぼすとき〔増補改訂版〕』2001年)。

Clegg, S., Carter, C., Kornberger, M. and Schweitzer, J.（2011）*Strategy: Theory & Practice*, SAGE.

Collis, D. J.（2014）*International Strategy: context, concepts and implications*, Wiley.

Collis, D. J. and Montgomery, C. A.（1997）*Corporate Strategy: Resources and the Scope of the Firm*, Irwin.／根来龍之・蛭田啓・久保亮一訳（2004）『資源ベースの経営戦略論』東洋経済新報社。

Collis, D. J. and Rukstad, M.（2008）"Can You Say What Your Strategy Is ?", *Harvard*

Business Review, vol. 86, no. 4.

Cullen, J. B. and Parboteeah, K. P.（2008）*Multinational Management: A Strategic Approach*, fourth edition, Thomson.

Cullen, J. B. and Parboteeah, K. P.（2011）*Multinational Management: A Strategic Approach*, fifth edition, South-Western Cengage Learning.

Cusumano, M. A.（2010）*Staying Power: Six Enduring Principles for Managing Strategy and Innovation in an Uncertain World*, Oxford University Press.／鬼澤忍訳（2012）『君臨する企業の「6つの法則」──戦略のベストプラクティスを求めて』日本経済新聞出版社。

Dahlvig, A.（2012）The IKEA Edge: *Building Global Growth and Social Good at the World's Most Iconic Home Store*, McGraw-Hill.／志村未帆訳（2012）『IKEAモデル──なぜ世界に進出できたのか』集英社クリエイティブ。

Drucker, P. F.（1995）*Managing in a Time of Great Change*, Butterworth-Heinemann.／上田惇生・佐々木実智男・林正・田代正美訳（1995）『未来への決断──大転換期のサバイバル・マニュアル』ダイヤモンド社。

Drucker, P. F.（1966）*The Effective Executive*, Heinemann.／上田惇生訳（1995）『ドラッカー選書1 ［新訳］経営者の条件』ダイヤモンド社。

Furrer, O., Thomas, H. and Goussevskaia, A.（2008）"The Structure and Evolution of the Strategic Management Field: A Content Analysis of 26 Years of Strategic Management Research," *International Journal of Management Reviews*, vol. 10, no. 1.

Grant, R. M.（2007）*Contemporary Strategy Analysis: Concepts, Techniques, Applications*, sixth edition, Wiley-Blackwell.／加瀬公夫監訳（2008）『グラント 現代戦略分析』中央経済社。

Grant, R. M. and Jordan, J.（2012）*Foundations of Strategy*, John Wiley & Sons Ltd.

Hamel, G.（2000）*Leading the Revolution*, Harvard Business School Press.／鈴木主税・福嶋俊造訳（2001）『リーディング・ザ・レボリューション』日本経済新聞社。

Hill, C. W. L.（2009）*Global Business Today*, sixth edition, McGraw-Hill Irwin.

Hooper, M. J.（2009）"International Strategy Management," edited by Newlands, D. J. and Hooper, M. J., *The Global Business Handbook: The Eight Dimensions of International Management*, Gower.

Hunter, P.（2014）*The Seven Inconvenient Truths of Business Strategy*, Gower.

Khanna, T. and Palepu, K. G.（2010）*Winning in Emerging Markets: A Road Map for Strategy and Execution*, Harvard Business Review Press.／上原裕美子訳（2012）『新興国マーケット進出戦略──「制度のすきま」を攻める』日本経済新聞出版社。

Lee, S. -H., Peng, M. and Barney, J. B.（2007）"Bankruptcy Law and Entrepreneurship Development: A Real Options Perspective," *The Academy of Management Review*, vol. 32, no. 1.

McKinney, P.（2012）*Beyond the Obvious: Killer Question that Spark Game-Changing Innovation*, Hyperion.／小坂恵理訳（2013）『キラー・クエスチョン──常識の壁を超え，イノベーションを生み出す質問のシステム』阪急コミュニケーションズ。

Montgomery, C. A. (2012) *The Strategist: Be The Leader Your Business Needs*, Harper Business.／野中香方子訳 (2014)『ハーバード戦略教室』文藝春秋。

Pearce, R. D. and Papanastassiou, M. (2009) "Creative Transition and the Role of MNE Subsidiaries in Host-Country Industrialization," edited by Papanastassiou, M. and Pearce, R., *The Strategic Development of Multinationals: Subsidiaries and Innovation*, Palgrave Macmillan.

Pedersen, T. (ed.) (2014) *International and Global Strategy*, Edward Elgar.

Porter, M. E. (1980) *Competitive Strategy: Techniques for Analyzing Industries and Competitors*, Collier Macmillan.／土岐坤・中辻萬治・服部照夫訳 (1982)『競争の戦略』ダイヤモンド社。

Porter, M. E. (1985) *Competitive Advantage: Creating and Sustaining Superior Performance*, Collier Macmillan.／土岐坤・中辻萬治・小野寺武夫訳 (1985)『競争優位の戦略――いかに好業績を持続させるか』ダイヤモンド社。

Porter, M. E. (1990) *The Competitive Advantage of Nations*, Macmillan.／土岐坤・中辻萬治・小野寺武夫・戸成富美子訳 (1992)『国の競争優位』ダイヤモンド社。

Porter, M. E. (1996) "What is Strategy?," *Harvard Business Review*, November-December.

Pugh, D. S. and Plath, A. R. (eds.) (2003) *International Business and Management (SAGE Library in Business and Management)*, Volume 1 Internationalization and International Strategy, SAGE.

Rugman, A. M. and Brewer, T. L. (2001) *The Oxford Handbook of International Business*, Oxford University Press.

Rumelt, R. P. (1974) *Strategy, Structure and Economic Performance*, Harvard University Press.／鳥羽欽一郎・山田正喜子・川辺信雄・熊沢孝訳 (1977)『多角化戦略と経済成果』東洋経済新報社。

Rumelt, R. P. (1991) "How Much Does Industry Matter?," *Strategic Management Journal*, vol. 12, no. 3.

Rumelt, R. P. (2011) *Good Strategy Bad Strategy: The Difference and Why It Matters*, Crown Business.／村井章子訳 (2012)『良い戦略，悪い戦略』日本経済新聞出版社。

Saee, J. (2007) "Globalisation and the Multinational Enterprises' Corporate Strategy in the Third Millennium", edited by Saee, J., *Contemporary Corporate Strategy: Global Perspectives*, Routledge.

Saloner, G., Shepard, A. and Podolny, J. (2001) *Strategic Management*, Wiley.／石倉洋子訳 (2002)『戦略経営論』東洋経済新報社。

Simons, R. (2010) "Stress-Test Your Strategy: The 7 Questions to Ask," *Harvard Business Review*, November.／有賀裕子訳 (2012)「戦略の弱点をあぶり出す7つの問い」『Diamond Harvard Business Review』9月号。

Spulber, D. F. (2007) *Global Competitive Strategy*, Cambridge University Press.

Tallman, S. B. (ed.) (2007) *A New Generation in International Strategic Management*, Edward Elgar.

Verbeke, A. and Merchant, H. (eds.) (2012) *Handbook of Research on International Strategic*

Management, Edward Elgar.

Zander, I. and Mathews, J. A.（2010）"Beyond Heterarchy: Emerging Futures of the Hypermodern MNC," edited by Andersson, U. and Holm, U., *Managing the Contemporary Multinational: The Role of Headquarters*, Edward Elgar.

Zook, C. and Allen, J.（2012）*Repeatability: Build Enduring Businesses for a World of Constant Change*, Harvard Business Review Press.／火浦俊彦・奥野慎太郎訳（2012）『Repeatability――再現可能な不朽のビジネスモデル』プレジデント社。

あとがき

　本書の執筆を始めたのは，新型コロナウイルス (COVID-19) が日本で報道され出した2020年初頭のことであった。以後，ステイ・ホームが促され，大学は遠隔授業となり，在宅時間が豊富にあったため，以前から構想していた「アップトゥデートな視点でグローバルビジネスを捉える」ということに取り組んだ。

　1665年，ペストが流行した際，ケンブリッジ大学は2年間の休校としたが，その期間に郊外の実家に帰っていたアイザック・ニュートンは「万有引力の法則」を発見した。このことをニュートンは「創造的休暇 (creative vacation)」と呼んだ。ルーティンが無い非日常での時間と空間が，新しい視点を与えたのである。本書も，この意味では創造的休暇の産物ということになる。

　一方で2020年は，なかなか醒めない悪夢の中に身を置いているかのようだった。連日のコロナ報道は，かつて漫画で読んだような，悪に征服されたか，最終戦争を迎えた後の世界が現実に起きたかのような思いにさせた。

　中でも，心が大きく揺さぶられる速報のテロップが2つ，テレビ画面に映し出された。1つは3月30日午前10時頃，志村けんさんの訃報を伝えるものだった。1980年代前半，家族が唯一揃って見ていたテレビ番組が土曜日の夜『8時だヨ！全員集合』だった。毎週，まるで自分も会場で楽しんでいるかのような臨場感があった。今でもDVD BOXを全て揃えて何度も観賞するほど，お気に入りのバラエティショーである。盟友である加藤茶さんの「ドリフの宝，日本の宝を奪ったコロナが憎いです」というコメントが深く響いた。

　いま1つは9月27日午前9時頃に報じられた竹内結子さんの訃報である。1999年から2000年にかけて彼女が主演した『あすか』というNHK朝ドラを欠かさず視ていた。当時，大学院生として京都に住んでおり，ドラマの舞台が京都ということもあって，鴨川でのロケを偶然見かけたり，京都駅でのイベントに参加したりした。その後の彼女の出演作品は全て観ているほど，一番好きな女優さんである。特に就職を機に念願だった東京に越してきて，夢と期待に満ちあふれた時に放映されていた『笑顔の法則』（2003年TBS系・日曜劇場）は，私に

とって永遠の1作である。

　"Life is very Short." と歌ったのはザ・ビートルズだったが，ただでさえ短い，この人生において，今回のような波乱に満ちた環境下におかれては，平常心を保つことは神業に近い。苦難の時代を迎えてしまった。

　それでも，やはり，と思うのだ。この苦境と向き合い，生き抜こうと前進する心構えを持たなければならない。そうするしかない。そうすることしかできない。それは個人でも，企業でも同じことである。

　シャープの創業者・早川徳次は次のように語っていた。「不況の次には必ず好況がやって来るのだから，不況の時こそ将来に備えるチャンスだと思うのである。不況期は企業の姿勢を正し，本当の実力をつける時である。不況期を経験した社員とそうでない社員とでは，不況時の働く姿勢が異なるとよく言われるが，私もそう思っている。不景気は歓迎こそしないが，たまには経験するのも薬で，次の飛躍のための力となるのである」（『私の考え方〔新装改訂版〕』浪速社 2005, p. 33）。

　私は「研究は祈り，授業は祭り，ゼミはおしゃべり」と捉えている。祭りもおしゃべりもオンライン化を余儀なくされ，味気ない日々にいた。毎年，ゼミ生との「祝祭」としてきた課外活動もいっさいできない。そうした期間で，ただ祈りを捧げ，「次の飛躍のための力」とするべく，遮二無二に打ち込んだのが本書である。大事な祭りとおしゃべりの場を取り戻した時，本書をもとにたくさん学生たちと議論を重ねたいと願うばかりである。

　数年前，学生から「先生，ウィキペディアで紹介されていますよ」と知らされた。見てみると肩書きは「日本の経営学者」とある。学者として活動できる期間を約40年間として，その半分を費やした。後半戦では1テーマずつに「本当の実力」を示さなければならないと自覚する。本書は「グローバルビジネス」について，日本の経営学者としての私の捉え方である。

　2021年7月

　　　　　　　　　　　　　　　　　　　　　　　岩谷昌樹

人名索引

事項索引

▪ 筆者紹介

岩谷　昌樹（いわたに　まさき）

1973年　岡山県倉敷市生まれ
1996年　立命館大学経営学部経営学科卒業
2001年　立命館大学大学院経営学研究科博士後期課程修了　博士（経営学）
2003年　東海大学政治経済学部経営学科専任講師
2006年　東海大学政治経済学部経営学科助教授
2007年　東海大学政治経済学部経営学科准教授
2013年　東海大学政治経済学部経営学科教授（現在に至る）
専門は「国際経営論」「デザインマネジメント」
2006年度・2009年度東海大学 Teaching Award 優秀賞受賞

〔主　著〕
『現代ビジネス論』学文社 2021年
『コンカレント・カンパニー──寄り添う企業が市場を制す』晃洋書房 2018年
『大学生のための国際経営論』創成社 2018年

Horitsu Bunka Sha

グローバルビジネスと企業戦略
──経営学で捉える多国籍企業

2021年8月20日　初版第1刷発行

著　者　　岩谷昌樹

発行者　　畑　　　光

発行所　　株式会社 法律文化社

〒603-8053
京都市北区上賀茂岩ヶ垣内町71
電話 075(791)7131　FAX 075(721)8400
https://www.hou-bun.com/

印刷：共同印刷工業㈱／製本：新生製本㈱
装幀：谷本天志

ISBN 978-4-589-04169-2

田中研之輔・山﨑正枝著

走らないトヨタ
―ネッツ南国の組織エスノグラフィー―

A5判・236頁・2860円

働く人たちが関わりあって協働するなかで自律的に行動し，助けあい，創造性を発揮する職場は，どのようにしたらつくることができるのか。職場の行動観察をもとに，働く人と組織との関係性を社会学の視点から解明する。

田中研之輔著

丼 家 の 経 営
―24時間営業の組織エスノグラフィー―

四六判・246頁・2860円

社会学の手法を用いて描き出すドキュメンタリー。働く人々に経験的に寄り添うことで現場のリアルを追体験。各店舗の問題を社会的変化と結びつけて考えることで，本質を見抜き打開する戦略を立てるための素地を築く。

高橋 望・横見宗樹著

エアライン／エアポート・ビジネス入門［第2版］
―観光交流時代のダイナミズムと戦略―

A5判・284頁・3080円

世界の航空産業および空港について，体系的に概説した入門書。激動期にあるエアライン／エアポート業界の実証分析をふまえ，未来の航空産業のゆくえを探究する。初版刊行以降の動向を盛り込んだ最新版。

藤川清史編

経 済 政 策 入 門

A5判・274頁・3080円

基礎的な知識の習得と，現実の経済政策の動向や効果，問題点の論理的な理解，考察力の涵養をめざす。ミクロ・マクロ経済から説きおこし，財政・金融・経済成長政策を解説。貿易・社会保障・環境政策で今後の豊かさを考える。

奥田宏司・代田 純・櫻井公人編

深く学べる国際金融
―持続可能性と未来像を問う―

A5判・182頁・2640円

国際金融の基本を学ぶ基本テキスト。複雑で難解な制度や理論，慣れない用語を丁寧に解説し，道筋を立てて全体を概説する。激動する国際金融の安定した今後を探るためのヒントと視座の修得をめざす。

―法律文化社―

表示価格は消費税10%を含んだ価格です